子どもサポートBOOKS

誤り分析で始める！

学びにくい子への「国語・算数」つまずきサポート

村井 敏宏・山田 充 著
【竹田 契一（一般財団法人 特別支援教育士資格認定協会理事長）推薦】

JN183674

明治図書

推薦の言葉　「誤り分析」の意義とは
RECOMMENDATION

　米国精神医学会の診断基準 DSM-5 の日本版が2014年6月に出版されました。それによると，学習障害は限局性学習症 (Specific Learning Disorder，限局性学習障害でも可) にその用語が代わり，発達的な観点が入った詳細なものになっています。今まで使われていた失読症 (ディスレクシア) は限局性学習症の最も一般的な徴候の1つと考えられます。

　SLD の特性として，読むのに時間がかかる，努力を要する，まちがって読む，読めても意味理解が困難，綴り字の困難さ，書字表出の困難さ，数字の概念，数値，計算を習得することの困難さ，数学的な推論の困難さなどが顕著に見られ，結果的に日常の学習や学業的な技能の使用に困難をきたします。まさに，今回の「誤り分析」が必要と考える子どもたちの特性を備えています。

　よく私たちが見聞きすることですが，国語・算数でつまずきが見られる子どもたちは，「集中しない，ヤル気がない，自分勝手，真剣さがたりない，わがまま」等，子ども側の勉強への態度・姿勢を問題視する傾向が保護者・教師にありました。最近の研究では，「読めない，書けない，計算できない」子どもたちの中には，環境要因だけが原因ではなく，聴覚 (聞く力)・視覚 (見る力)・記憶 (ワーキングメモリ) 等の認知機能に偏りが出やすい中枢神経系の働きの存在が指摘されるようになってきました。

　今回の「誤り分析」の特徴は，一般に使われている心理検査等の結果からのみ判断するのではなく，日常的に行っている教育活動 (作文・テスト結果，口頭発表等) からリアルタイムに誤りの傾向を読み取る点にあります。分析の前に必要なバックグラウンド情報としては，子どもの学校・家庭での日常

の状態像の把握，特に，授業中の行動特徴，友人とのコミュニケーション，直接面接，チェックリスト等があります。

　子どもの書いた作文，計算，小テスト等に，ただ，自動的に○×をつけて返却する先生が多いですが，支援のヒントが詰まった宝物を捨てているようなものです。子どもが一生懸命に書いたものから「誤りを抽出し，誤り方に傾向がないか」をじっくり調べます。「どこでつまずいているか」がわかると「どう指導するか」が生まれます。

　この「誤り分析」は，子どもをよく知る担任が自ら子どもと向き合い，ひとりひとりの指導内容を授業の中で修正し，ピンポイントに問題点を指摘し，具体的にわかりやすく指導できる画期的なプログラムです。

　「誤り分析」は，支援が必要な子どもたちのつまずきの背景にある認知特性（聞く力・見る力・ワーキングメモリ等）に視点を当て，場当たり的な指導ではなく，特性に対応した科学的な指導につなげるところにあります。強い特性にも視点を向け，弱い特性を強い特性でカバーしていくことが子どもの意欲につながります。

　特性に配慮された支援は，やらされた感ではなく，自分の力でできたという充実感につながります。ここではじめて子どもたちが「わかった」と実感できます。苦手だったことが簡単にできる経験を続けることが，自己有能感（セルフ・エスティーム）を生み，胸を張って頑張れる子をつくります。

　　　　　　　　　　　　　　一般財団法人　特別支援教育士資格認定協会
　　　　　　　　　　　　　　　　　　理事長　竹田　契一

▶ はじめに

　本書は，『LD&ADHD，No.37〜40』に連載された「誤り分析から子どもの読み書きを支援する！」（村井）と，『LD，ADHD&ASD，No.41〜44』に連載された「誤り分析から子どもの算数を支援する！」（山田）を再編集し，加筆したものです。

　「誤り分析」とは，日常的に行っている日記や作文，ノートやテストを基に，その中の誤りの傾向を分析して，支援につなげていくものです。WISC等の心理検査を使って，子どもの学習のつまずきをアセスメントすることは大切です。しかし，それをするための時間や条件が整わないことも多くあります。「誤り分析」は，子どもに負担をかけずにできる，やさしい学び支援です。

　本書でも紹介している「ひらがな単語聴写テスト」は，今から15年ほど前につくったものです。
　当時はまだ，発達障害のきっちりとした概念がなく，学校現場では「LD等」ということばでひとくくりに考えられていたように思います。前任校では，校内研究で「LD児の実態把握」に取り組んでいました。しかし，実態把握しようにも，子どもの学習や読み書きをアセスメントするための検査やテストがほとんどない状態でした。そこで考えたものが「ひらがな単語聴写テスト」です。この時に気をつけたことは，担任の先生が一斉指導の中でできることと，評価が通常の指導と関連した内容で簡単にできるということです。そのために，一斉でできる「聴写」という実施方法で，特殊音節の誤り数とその誤り傾向から判断するテストにしました。
　今から思うと，このことが「誤り分析」につながっていると考えます。

　特別支援教育がはじまり，通常の学級にいる特別な配慮を要する子どもに目が向けられるようになりました。はじめは行動面で目立つ子どもの対応に追われることが中心でしたが，次第に学習面でのつまずきにも目が向けられるようになってきました。

　学習面でのつまずきに対応していくには，背景にあるその子の特性を見抜いていく必要があります。もちろん，WISC等の心理検査で探っていくことはできますが，心理検査ができる状態になるまで対応を待っていることはできません。「誤り分析」は日常の教育活動の中で，子どもの特性把握につなげることができるツールになると考えます。

　本書を通して，「読み書き」や「算数」につまずく子どもたちに，的確でやさしい学び支援が行われていくことを願っています。

　　　　　　　　　　　　　　　　　　　　　　　　　　　村井　敏宏

Contents

推薦の言葉 「誤り分析」の意義とは ………… 2
はじめに ……………………………………………… 4

第1章
国語の誤り分析　　　　　　　　　　13

✏1　誤り分析とは ………………………… 14
（1）誤り分析とは ……………………………………… 14
（2）誤り分析からどんなことがわかるか ……… 15

✏2　誤り分析から子どもの
　　　読み書きを支援する ……………………… 19
（1）読み書きのつまずきとは ……………………… 19
（2）読み書きのつまずきの背景を理解する …… 20
（3）音韻認識とは ……………………………………… 22
（4）空間認知とは ……………………………………… 23
（5）ADHDとは ………………………………………… 24

▶3　音韻認識の誤り分析 …………… 25
（1）音韻認識とは ……………………… 25
（2）音韻の誤りへの気づき …………… 26
（3）音韻の力のアセスメント ………… 27
（4）音韻の弱さからの書きまちがい ………… 28
（5）音韻の力を伸ばすことば遊び ………… 28
（6）ひらがな読み書きの基礎スキル ………… 31

▶4　特殊音節の誤り分析 …………… 36
（1）特殊音節とは ……………………… 36
（2）特殊音節の特徴 …………………… 36
（3）特殊音節のつまずきを調べる ………… 38
（4）特殊音節の指導 …………………… 40

▶5　漢字の誤りパターン …………… 47
（1）かな文字と漢字の違い …………… 47
（2）漢字の難しさ ……………………… 48
（3）漢字の3要素 ……………………… 49

(4) 同じ音（読み）の漢字の誤り ………………… 50
(5) 意味の似ている漢字の誤り ………………… 50
(6) 形の誤り ………………………………………… 51

▶6　漢字の誤り分析 ………………………… 59
　　(1) 漢字の誤り分析 ………………………… 59
　　(2) 漢字の誤り分析練習 …………………… 63
　　(3) 結果からの分析 ………………………… 67

▶7　事例分析 ………………………………… 70
　(1) 事例1（A児：3年生・男児）………………… 71
　(2) 事例2（B児：3年生・男児）………………… 74

▶　コラム
　・音韻につまずきのある子の事例…………………… 34
　・特殊音節聴写につまずきのある子の事例………… 44
　・タイプ別漢字支援………………………………… 53

第2章
算数の誤り分析　　81

✏1　算数の誤り分析を考えるために ……… 82
（1）算数困難とは ……………………………… 82
（2）算数にはどんな能力が必要か ……………… 83
（3）誤り分析の重要性 ………………………… 84

✏2　誤り分析の実際 …………………………… 87
（1）誤り分析の具体例 ………………………… 87
（2）誤り分析から支援につなぐ ……………… 91
（3）誤り分析から全体象を明らかにする ……… 94

✏3　文章問題の誤り分析 ……………………… 95
（1）文章問題を解くのに必要な能力 …………… 95
（2）文章問題を解くプロセス ………………… 96
（3）文章問題の誤り分析と支援の実際 ………… 98

（4）文章問題の誤り分析のまとめ ……………… 108

✏︎4　計算問題の誤り分析 …………………………… 109
　　（1）計算問題を解くのに必要な能力 ……… 109
　　（2）計算問題の誤りの要因について ……… 110
　　（3）計算問題の誤り分析と支援の実際 …… 112
　　（4）計算問題の誤り分析のまとめ ………… 121

✏︎5　総合的誤り分析 ……………………………… 124
　　（1）総合的に分析する ……………………… 124
　　（2）復習！　算数に必要な能力の再確認 ……… 124
　　（3）問題テスト3枚を総合的に
　　　　誤り分析をしてみよう！ ………………… 125
　　（4）解答テスト3枚の誤り分析例 ………… 129
　　（5）最後に ………………………………… 133

✏︎　コラム
　　・日置荘小学校の算数教室…………………………… 85
　　・計算問題課題の誤り分析をしてみよう！………… 122

Contents

- さらにもう1問！
  総合的な課題の誤り分析をしてみよう！ ………… 134
- 保健室に行って算数の授業を
  受けなくなった4年生女子 ……………………… 136

おわりに ……………………………………………… 140

第1章 国語の誤り分析

誤り分析とは

（1）誤り分析とは

　学習につまずきのある子どもに適切な支援をしていくためには，必要十分なアセスメントが必要です。アセスメントとは，支援の必要な子どもの状態像を理解するために，様々な角度から情報を集め，その結果を総合的に，整理，解釈していく過程です。アセスメントの方法には，行動観察，インタビュー，チェックリストの実施や標準化された心理検査等，様々な方法があります。その中の1つの方法が，誤り分析です。

　誤り分析は，子どもが日常的に行っている日記や作文・計算，テスト等からその子の誤りを抽出して，その傾向から支援の方向性を見つけていくものです。同じパターンの誤りを繰り返している場合には，それがその子の弱い特性につながっていきます。他のアセスメント情報から，同じ弱い特性が確かめられ，反対に，強い特性の情報も得られると，弱い特性を強い特性でカバーしながら学習を進めていくという支援の方針を見つけることができます。
　誤り分析は，分析の材料が日常的な課題やテストであるため，担任の先生やコーディネーターの先生が手軽に行うことができます。しかし，その視点をもたないでいると，作文やテストを赤ペンでチェックして返してしまい，子ども自身が消して修正したために，大切な情報が消えてしまう場合が往々にしてあると思います。子どもに支援を考えていく時には，この誤り分析の視点をもって，子どもの情報を支援につなげていくことが大切になります。

(2) 誤り分析からどんなことがわかるか

では,誤り分析からどんなことがわかるか,筆者の作成した「ひらがな単語聴写テスト」(『読み書きが苦手な子どもへの〈つまずき〉支援ワーク』明治図書)から見てみましょう。

表1 聴写単語

1	くま	2	うさぎ	3	あいさつ
4	はっぱ	5	おもちゃ	6	おに
7	どんぐり	8	しいくごや	9	おとうさん
10	じょうず	11	きつね	12	ごはん
13	しんかんせん	14	すいぎゅう	15	しょっき
16	かぜ	17	えんそく	18	ぺんぎん
19	きょうしつ	20	うんどうじょう	21	いっしょ
22	ちょっぴり	23	じどうしゃ	24	しゃっくり
25	ほっきょく	26	ぎゅっと	27	はらっぱ
28	しゅっぱつ	29	きょうそう	30	どっこいしょ

このテストは,1年の教科書から選んだ30個の単語〈表1〉を聴写させるものです。担任の先生がこの単語を読み上げ,クラスの子どもはマス目の用紙に書き取っていきます。子どもが書き取った単語の文字の誤りや形から,子どものつまずきを見ていきます。

〈図1〉の1年生児童の誤り例を見て下さい。単語の文字が思い出せず,○で書いている部分が多く見られます。「かぜ→か○」や「きょうしつ→○○○」と書いています。テストのはじめに「わからない字があった時は,○で書いておきましょう」と教示してあります。ひらがなの習得の遅い1年生

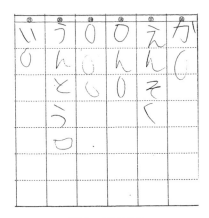

図1 誤り例①

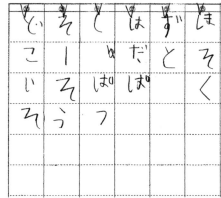

図2 誤り例②

では，濁音や半濁音，また，特殊音節の拗音が思い出せないために，このように○が多く，何を書いたかわかりにくい聴写になってしまいます。

〈図2〉の子どもは○で書いている文字はありませんが，拗音がすべて正しく書けておらず，促音も抜けています（「ほっきょく→ほそく」）。このような誤りパターンの子どもは，ことばの音を正確に認識する力（音韻認識）が弱く，1対1の音と文字の対応関係が崩れる特殊音節でつまずきを起こします。また，音が似ている「だ」と「ら」等でも混同してまちがうことが多くなります（「はらっぱ→はだぱ」）。

〈図3〉は文字の形の誤り例です。形の取りにくい「あ」や「や」の文字がうまく書けていません。特に，斜め線の入った文字や，線が複雑に重なっている文字の形が難しくなります。枠の中にうまく配置することも苦手になります。

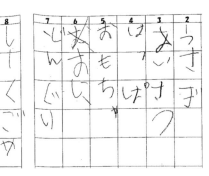

図3 誤り例③

このような誤りの多い子どもを WISC 等の心理検査で調べてみると，空間認知の弱さをもっていることがわかります。形の認識の弱さから書字がうまくいかないタイプです。

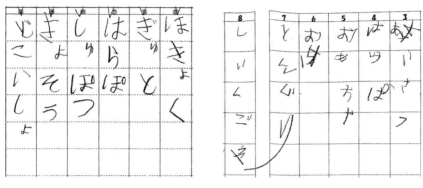

図4　誤り例④　　　　　　　　図5　誤り例⑤

　同じ空間認知の弱さをもつ子どもでも，〈図4〉のように違った形で誤りが現れる場合があります。この例では，特殊音節の促音と長音が抜けてしまうのが特徴です。誤り例②の子どもと違って，拗音はすべて正しく書けています。

　空間認知は時間の感覚とも関係しています。そのため，音の隙間部分（促音）や音の伸びている部分（長音）がうまく認識できないと考えます。

　文字の形の誤りでも〈図5〉のようなタイプの子どももいます。ひとつひとつの文字が丁寧に書けず，枠から大きくはみ出している文字もあります。
　この子どもは WISC 等の心理検査では空間認知の弱さは見られません。知的な低さも見られませんが，授業中は落ち着きがなく，常に体のどこかが動いており，先生の話も聞きのがしています。この子どもの場合は，ADHD の多動性や衝動性が書字のつまずきにつながっていると言えます。
　また，不注意さをもっているために，濁点や促音を書き忘れることが多い子どもも見受けられます。

　このように，クラスで一斉にやったテストを基に，誤りの多い子どもについてその誤りパターンを分析することで，様々な背景情報が浮かび上がってきます。重要なのは，1つの結果だけで判断するのではなく，日常的な行動観察やその他の情報とつなげて考えていくことです。

　クラスの中に学習面の支援が必要な子どもはたくさんいます。この誤り分析の視点をもって，ひとりひとりの子どもを深く見つめ，支援を待っている子どもたちに手をさしのべていきましょう。

2 誤り分析から子どもの読み書きを支援する

（1）読み書きのつまずきとは

　読み書きのつまずきはいろんな段階で起こってきます。また，「読むこと」「書くこと」のそれぞれにつまずきが起こります。以下に，「読むこと」「書くこと」それぞれのつまずきの例を挙げてみました。

○「読むこと」のつまずき
・5歳児になってもひらがなに興味を示さない。覚えられない。
・1文字ずつゆっくり読むために，書いてあることばが何かわからない。
・「ゃ・ゅ・ょ・っ」がつくことばを正しく読めない。
・文を読むのがゆっくりで，読みまちがいも多い。
・文末のことばを思い込みで読み誤ってしまう。
・漢字の音読みが覚えにくい。
・文中の漢字や熟語が読めなくて止まってしまう。
・読んでいても内容が理解できていない。
・本を読むこと自体に抵抗がある。　……等々。

○「書くこと」のつまずき
・ひらがなをまねて書くが，うまく形が取れない。
・鏡文字になることが多い。
・「あ・え・き・そ・ぬ・ね・や・れ・わ・ん」等がうまく書けない。
・マス目の中にバランスよく字が書けない。
・黒板の字をうまく写せない。

・漢字の形がうまく書けない。
・辺と旁のバランスが悪い。
・線や点の数が不正確である。
・複雑な漢字が覚えられない。
・文字を書くこと自体に抵抗がある。　……等々。

　読み書きのつまずきは就学前にはじまり，失敗経験が積み重なっていくと，小学校高学年・中学生では，「読むこと」「書くこと」自体に抵抗を感じるようになってしまいます。できるだけ早い段階でつまずきに気づき，その子に応じた支援をしていくことが大切になります。

(2) 読み書きのつまずきの背景を理解する

　読み書きのつまずきは，「読むこと」「書くこと」それぞれにつまずきが起こる背景的要因があると考えます。その背景的要因を考えていく時に，読み書きのつまずきを大きく2つのタイプに分けて考えると，わかりやすくなります〈図6〉。

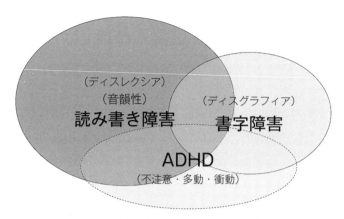

図6 読み書きのつまずきのタイプ

①読み書き障害（ディスレクシア）タイプ

　ベースに読みの苦手さがあり，文字を思い出すことや，拗音等の特殊音節の書字も苦手になることから，こう呼ばれます。背景に「音韻認識」の弱さをもつことから，「音韻性読み書き障害」と呼ばれることもあります。

　「音韻認識」とは，ことばを音としてとらえる力を言います。日本語の音の単位である「モーラ」をうまくとらえられないと，「モーラ」に対応してつくられているひらがなを覚えていくことが困難になります。

②書字障害（ディスグラフィア）タイプ

　文字の形を正確に書いたり，バランスよく書いたりすることが苦手なタイプです。背景には，空間認知の弱さや目と手の協応困難，視機能の弱さが考えられます。また，ADHDの多動性・衝動性の問題が絡む場合があるため，他の情報とも関連させて考えていく必要があります。

　子どもの状態像としては，①・②の両方のつまずきを併せもつタイプもあります。また，それぞれのタイプにADHDが合併している場合も考えられるため，読み書きの情報だけでなく，日頃の学習の様子や行動特徴とも併せてアセスメントしていく必要があります。

(3) 音韻認識とは

　一般的に，子どもは4・5歳頃にひらがなを読めるようになります。子どもがひらがなを覚えていくためには，4・5歳レベルの日常会話や語彙理解ができるという言語発達がベースになっていると言われています。さらに，同時期に発達してくる音韻認識の力が，文字の読みを覚える要因になっています。

　音韻認識が弱いと，幼児期に「とうもろこし→トウモコロシ」のようなことばの言い誤りを頻繁に起こします。また，「だ／ら」「で／れ」「ど／ろ」のような似ている音でも聞き誤り・言い誤りを起こします。

　幼児期から小学校1年にかけて，音韻認識の弱い子どもにも，それ以外の子どもにも，〈表2〉のようなことば遊びを取り入れることが必要と考えます。ことば遊びを通して，ことばの音に注意を向ける力をつけることは，文字学習の基礎になると考えています。

表2　音韻認識を高めることば遊び

- 「○」のつくことばさがし（音からことばを探す）
- タヌキで言おう（音を取ってことばを言う）
- アレンジしりとり（3モーラことばだけで，タヌキ）
- モーラすごろく（カードの音の数だけ進む）
- モーラことばさがし（モーラ数からことばを探す）
- はんたいことば
  ―「どうぶつなーんだ？」「いかなと？」「となかい」
- どうぶつさがし
  ―「冷蔵庫の中にいるどうぶつは？」

＊「3　音韻認識の誤り分析」を参照

（4）空間認知とは

　空間認知とは，物の位置や形，方向，大きさ等を直感的に素早く認識する能力のことです。

　この能力が弱いと，文字を書く時に斜めや左右がわかりにくくなります。また，文字の細かい形の違いも見分けにくくなります。ひらがなやカタカナでは「き，め，や，イ，ミ」等の文字の斜め線が反対向きになることがあります。また，鏡文字も出やすくなります。漢字では，線や点の数が違っていたり，突き出る・突き出ないをまちがったりします。辺と旁が逆になったり，部首の配置も不正確になったりします。

　空間認知の弱さをもつ場合の対応として，弱い特性をトレーニングする方法と，強い特性で弱い特性をカバーする方法があります。

　弱い特性をトレーニングする方法として，視知覚トレーニングがあります。まちがい探し，パズル，迷路，点つなぎ等の視知覚課題を子どもに応じたレベルで取り組ませ，ステップアップしていきます。眼球運動や追視等の視機能に課題のある場合には「ビジョントレーニング」を取り入れることもあります。

強い特性で弱い特性をカバーするには，苦手な方向や形を言葉に置き換えて，唱えながら書いていく方法があります。かなや漢字のパーツを命名して，「よこ，たてまる，し，てん，で『む』」や「立つ，木，おのづくり，で『新』」のように唱えながら書く練習をしていきます。苦手な同時処理を得意な継次処理に置き換えて練習するやり方です。

(5) ADHDとは

　ADHDは，多動性，衝動性，不注意等の症状を特徴とする行動の障害として定義されます。医師によって診断される障害名ですが，診断されていなくてもこのような特徴を多くもっていると，行動面だけでなく，学習面にも大きな影響を与えます。

　多動性は，教室で椅子に座っていても体のどこかが絶えず動いている場合があります。おしゃべりしすぎるというのもこの項目に当てはまります。

　衝動性は，カッとしてすぐ手が出てしまうような攻撃的なものもありますが，こちらが言い終わる前に出し抜けに答えるようなものも含みます。

　不注意は，教室でボーッとしていて話を聞いていない，忘れ物が多い，整理整頓が苦手，等の特徴があります。

　多動性・衝動性が強いと，文字が乱雑で枠の中に収まらなかったり，苦手な課題に取り組めなかったりします。

　不注意があると，練習していても漢字を覚えられなかったり，点や線が1本たりないような不十分な漢字を書いたりします。

　読み書きの学習にはADHDの特徴が大きく影響してきますので，普段の行動観察等から，多動性，衝動性，不注意の傾向が見られないかチェックしておく必要があります。

　誤り分析では，このような読み書きに関係する背景要因を理解した上で，子どもの読み書きのつまずきが，どのような背景要因と関係しているかを考えていきます。そして，子どもの特性に対応した支援を考えていきます。

音韻認識の誤り分析

(1) 音韻認識とは

　文字を読み書きするためには，ことばの音の構造に注意を向けたり，それを操作したりするための音韻認識の力が必要だと言われています。
　この力は，4・5歳頃に身につくと考えられています。この頃になると，子どもは「しりとり」ができるようになります。「しりとり」はことばの最後の音を抜き出し，それと同じ音からはじまることばを探していくことば遊びです。また，最後に「ん」のつくことばを言うと負け，というルールもあります。このように，ことばを音に分けたり，ある音を抜き出したりできることを音韻認識と呼んでいます。

　日本語を音に分けていくとき，その一番小さなかたまり（単位）をモーラと言います。「いぬ」は2モーラ，「しんかんせん」は6モーラのことばになります。ひらがなはこのモーラに対応してつくられています。このため，ひらがなの清音・濁音・半濁音（「を」「ぢ」「づ」を除く）は音と文字が1対1対応になります。

　このように，文字の読み書きのつまずきの背景には，音韻認識の力の弱さ，ことばをモーラに分けたり，モーラを抜き出したりすることの困難さがあると考えられます。

(2) 音韻の誤りへの気づき

　音韻の誤りへの気づきは，就学前，音韻認識の力がつく４・５歳頃からはじまります。よくある誤りとしては，「でんわ」を「でんま」，「テレビ」を「てべり」，「マスク」を「まくす」等があります。ことばの中の音が他の音に置き換わったり，入れ替わったりします。長いことばになると，さらに顕著になります。「トウモロコシ」を「とうもころし」，「オタマジャクシ」を「おじゃまだくし」等と言いまちがうことが多くなります。

　〈表3〉は，5歳児のAさんが音韻まちがいしたことばの例です。ことばが長くなるほどまちがいやすく，濁音が含まれることばも苦手です。また，「だ／ら」「で／れ」「ど／ろ」のように音が似ているものにまちがいが出やすくなります。幼児期にこのような誤りの多い子どもがいた場合，その傾向をチェックするとともに，ひらがなの読みが覚えられているかも同時に確認する必要があります。また，小学校低学年で読み書きにつまずきのある子どもでは，会話の中にこのような音韻の誤りがないかチェックすることも大切です。

表3　Aさん（5歳児）のことばの誤り

〈2モーラ〉
・なべ→なめ　　　セミ→せび
〈3モーラ〉
・スズメ→すすめ　　　ラクダ→らくら
〈4モーラ〉
・とびばこ→とびがこ　　　ライオン→がいよん
・ペンギン→てんびん　　　ゴキブリ→ほくほくり
〈5モーラ以上〉
・トイレットペーパー→といれてぺーた

(3) 音韻の力のアセスメント

年齢の低い子どもの音韻の力を把握するためのテストは，ほとんどありませんでした。そのため，筆者自身が作成したものが「音韻認識テスト」です〈図7〉。

このテストの中には，「数字」「色」「ひらがな」の呼称，音韻まちがいを起こしやすい単語の呼称，単語のモーラ分解，音の抽出を入れています。

先ほどのAさんに実施してみると，単語の呼称で，「とうもろし」「おたまむし」「へりぽぷたー」「こおりのぼり」等の誤りが見られました。また，モーラ分解では，「ひこうき」→（ひ）（こ）（き），「コップ」→（こ）（ぷ），「おとうさん」→（お）（と）（お）（さん）のように特殊音節の長音・促音・撥音でモーラ数の不一致が見られました。

このように，会話の中だけでなく，一定の条件の中で音韻の誤りを調べ，音韻の力のアセスメントをしていくことも必要です。

- 数字（1～10）
- 色（赤青黄緑白黒茶紫橙桃）
- ひらがな（お・け・す・ち・な・ほ・め・ゆ・り・わ）
- 単語　
- モーラ分解（音の数だけ丸を押さえる）
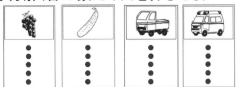
- 音の抽出（語頭音、語尾音、語中音）
　　・わかやま→わ　・しずおか→か　・あいち→い

図7　音韻認識テスト

（4）音韻の弱さからの書きまちがい

　残念なことに，幼児期に音韻の弱さに気づき，読み書きの予防的な指導がなされることは，現状としてあまり多くありません。

　就学して文字学習が始まった段階で，できるだけ早く気づいていく必要があります。そのためには，子どもが書いたことばや文章の中から音韻の誤りを見つけていくことが必要です。

　「(2)　音韻の誤りへの気づき」で述べたように，濁音や「だ／ら」のような似ている音が苦手なために起こる，濁音を含んだことばでの書き誤りや，「らくだ→だくら」のような書きまちがいがないかチェックします。

　音と文字の対応関係が崩れる拗音・促音・長音等の特殊音節も大切なチェックポイントです（このことは，「4　特殊音節の誤り分析」で詳しく述べます）。

　日記や作文の中でも同様のチェックが必要ですが，文中では「は・を・へ」の助詞表記の混乱がないかも確認します。

（5）音韻の力を伸ばすことば遊び

　音韻の弱さをもつ子どもだけでなく，4・5歳児や小学校の低学年では，音韻の力を伸ばすことば遊びを取り入れて，ことばの音に注意を向けたり，音を操作する経験を積ませてあげたりすることも大切だと考えています。

　ここでは，簡単にできることば遊びをいくつか紹介します。

① 「○」のつくことばさがし

　音を手がかりにことばを探していくゲームです。例えば，「『あ』で始まることばを探しましょう」と言って「あり」や「あひる」等のことば探しをします。この時，見つけたことばのモーラ数も同時に数えさせ，その数が得点になります。チームを組んで合計得点が一番多い組が勝ちになります。

　また，別のやり方として，「あひる」のようにことばのはじめにつくと1点，「ココア」のように最後につくと2点，「コアラ」のように真ん中につくと3点と得点化することもできます。

② **タヌキで言おう**

　ことばからある音を取って言うゲームです。「タヌキ」の場合，「たまねぎ→まねぎ」と，言われたことばから「た」の音を抜いて言います。語頭につくことばが一番簡単で，語尾→語中と難しくなります。「かたたたき→かき」のように，「た」がいくつか入ることばを交ぜるとおもしろくなります。違う音を抜いたり，音を抜いて歌を歌ったり，いろんなバリエーションが考えられます。

③はんたいことば

　「動物の名前を反対に言います。何の動物か当てましょう。『いかなと』？」のように，ことばを反対に聞かせて，元のことばを考えさせる遊びです。聞いた音を覚えておいて，頭の中で音を入れ替える必要があります。「動物」以外に「野菜」「くだもの」等，子どもに身近なことばでもできます。
　「てぶくろ→ろくぶて」のように，ことばを反対に言うとどうなるかを考えさせることもできますが，でき上がったことばが意味のないことばになるので，難しくなります。

④どうぶつさがし

　「『冷蔵庫』の中にかくれている動物なーんだ？」と聞いて，「ぞう」を見つけさせる遊びです。聞いたことばの中から動物の名前の音韻を抜き出させます。「クリスマス，白菜，そろばん，串カツ，トランプ」等，事前にことばを集めておく必要があります。「『スリッパ』の中に逆立ちしてかくれている動物なーんだ？」のように，はんたいことばで動物を見つけさせるようなバリエーションも考えられます。
＊この他に，サイコロの代わりに絵カードを使って，ことばのモーラ数だけ進む「モーラすごろく」や，数字カードをめくり，出た数のモーラ数のこ

とばを探す「モーラことばさがし」等が考えられます。

(6) ひらがな読み書きの基礎スキル

　筆者の勤務する学校では，通常学級で使えるよう，ことばの教室で考案した「わくわくプリント」（『読み書きが苦手な子どもへの〈基礎〉トレーニングワーク』明治図書）を，１年生全員が取り組んでいます。このプリントは，ひらがなの文字の習得時期と並行して，ひらがな読み書きの基礎スキルが身につくよう考えたものです〈表４〉。

表４　ひらがな読み書きの基礎スキル

- 音韻抽出
  - ことばの中にターゲットとする音があるかどうかを考えるスキル
- モーラ分解
  - ことばがいくつのモーラでできているかを数えるスキル
- 音とかな文字の対応
  - 音（a）に文字（あ）を対応させるスキル
  - 特殊音節の音―文字対応も含む

　音韻抽出をねらったプリントとして，「おとのある・ないクイズ」〈図８〉「しりとりせんつなぎ」「つまるおとのある・ないクイズ」等があります。
　モーラ分解をねらったプリントとして，「いくつのおとかな？」「いくつのおとかな？（つまるおと）」〈図９〉「いくつのおとかな？（のばすおと）」があります。
　音とかな文字の対応をねらったプリントとして，「のばすおとどれだ？」「ねじれるおとどれだ？　１・２」〈図10〉があります。

図8　おとのある・ないクイズ

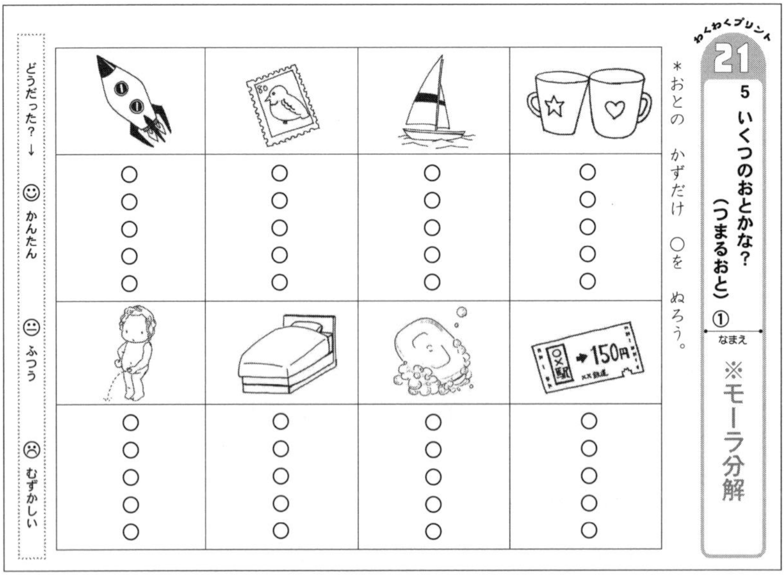

図9　いくつのおとかな？（つまるおと）

図10 ねじれるおとどれだ？　1

　このように，ことばの音に注目し，音を抜き出したり，音の数を数えたりすることが，ひらがなの習得を早め，さらに，音と文字の対応が崩れる特殊音節の習得も確実にすると考えています。

音韻につまずきのある子の事例

〈Aさん・5歳・女児〉
・保育園5歳児，7月，発音が不明瞭であることを主訴に面談。
・構音検査では，「ぶどう→ぶろー」「でんわ→でんま」「ゾウ→じょー」「じてんしゃ→じてんた」等の誤りがあった。
・ポケモンが好きだが，ピカチュウ以外の名前を思い出せない。「カビゴン→ようねる（よく寝る）ポケモン」と言い換える。
・動物の絵カードを見せると，名前を思い出すのに時間がかかる。思い出せない動物名の語頭音を言うと，思い出せるものがある。
・ひらがなには興味がない。

○**音韻認識テストを実施〈表5〉**
・数字，ひらがなの読みが覚えにくい。
・ことばの音韻まちがいがある。
・ことばのモーラ数が一致しない。
　等，音韻認識に弱さが見られた。

表5　Aさんの音韻認識テスト

数字	5→2，6→9，7→（×）
色	緑→あお，黒→あお，じゃなくて　くろ
かな	「お」のみ読める
ことば	でんしばしら，とうもころし，おじゃまだくし，タケコプター，スパディティー，こうもり
モーラ分解	かあに，とらあく，ひこおきい，さいころう，こおぷう，すりいぱあ，でんしゃあ
音抽出	語頭→6／6，語尾→6／6，語中→4／6

○心理検査結果から

　Aさんの認知特性を確認するため，K-ABC心理・教育アセスメントバッテリーを実施した。その結果，知的能力に低さはないが，聴覚的短期記憶に弱さがあることがわかった。

○アセスメント結果

　面談での様子と検査の結果から，Aさんには音韻認識能力の弱さと，ひらがなの読み学習の困難さがあることがわかった。

○指導計画

　就学までの約半年間，音韻の力を伸ばすことと，ひらがな読みの習得をねらい，次の指導を行った。

①「○」のつくことばさがし
②音の抽出プリント
③モーラ分解プリント
④キーワードを用いたひらがな読み指導〈図11〉
⑤ことばプリント（文字スタンプ）〈図12〉

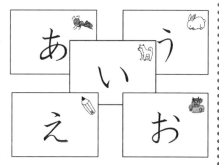

図11　キーワード付きかなカード

図12　ことばプリント

　前期に①〜④の指導を並行して行い，ひらがなの読みをほぼ覚えた後期に⑤を用いてひらがなの定着を図った。

　音韻認識能力に弱さをもつ子どもを幼児期に発見し，就学までに音韻の力を伸ばしながらひらがなの読みの指導を行うことで，就学後の学習がスムーズにできるようになることがわかった。

特殊音節の誤り分析

（1）特殊音節とは

　ひらがなは，基本的に日本語の音（音節・モーラ）と1対1対応になっています。つまり，(ka) という音は「か」という1文字で表記されます。英語等のアルファベット言語と違って，音と文字の対応関係がシンプルなため，読み書きのつまずきが起こりにくいとも考えられています。
　日本語の音節とかな文字の対応関係が崩れるものを，特殊音節と呼んでいます。
　特殊音節には「拗音」「促音」「長音」「撥音」の4種類と，「拗音」との組み合わせで「拗促音」「拗長音」「拗撥音」があります。
　特殊音節は音と文字の対応関係が崩れるために，読み書きでつまずきが起こりすくなります。

（2）特殊音節の特徴

①拗音（ねじれるおと）

　拗音はイ段の音「き・し・ち・に・ひ・み・り・ぎ・じ・び・ぴ」が変化した音です。続く母音が (a)・(u)・(o) の3種類あるため，音の数としては33個あることになります。1つの音 (kya) を「き」と「ゃ」の2つの文字で表すため，かな文字の中では特殊な表記と言えます。
　音を正しく認識することの難しさと，対応する2つの文字の組み合わせを

思い出すことの難しさから，音韻認識の弱い子どもにとっては，特につまずきが起こりやすい特殊音節になります。

②促音（つまるおと）

促音は音と音の間に無音部分があるもので，「っ」の文字で表されます。「猫」の (ne) と (ko) は続いていますが，「根っこ」の (ne) と (ko) の間には無音部分があります。

音のないモーラ（拍）を認識する必要があるので，読み書きのつまずきの起こりやすい特殊音節です。

③長音（のばすおと）

長音は音を伸ばして言う部分で，母音 (a)・(i)・(u)・(e)・(o) の5種類あります。音の表記が，ア段・イ段・ウ段は音の通り「あ・い・う」で表されますが，エ段・オ段は表記ルールが複雑です。

エ段は「おねえさん」のような和語の場合「え」と表記しますが，「先生」のような漢語の場合「せんせい」と「い」で表記します。

オ段は「葡萄 (budoo)」を「ぶどう」のように，(o) と伸ばした音を「う」と表記する決まりになっています。また，古典的仮名遣いで「氷（こほり）」のように使われていたことばのみ「お」で表記するという例外ルールもあり，書く時に混乱が生じやすい特殊音節です。

④撥音（ん）

「りんご」のように「ん」で表される鼻に抜いた音は，撥音として特殊音節に含まれています。しかし，1年でも撥音を含んだことばで「ん」を抜かして書くことはまれで，わかりやすい特殊音節と言えます。

〈表6〉にそれぞれの特殊音節における音節数・モーラ数・文字数の関係を示します。

表6　音節数・モーラ数・文字数の関係

	音節数	モーラ数	文字数
拗音：お<u>ちゃ</u>	1	1	2
促音：は<u>っぱ</u>	1	2	2
長音：ぶ<u>どう</u>	1	2	2
撥音：り<u>んご</u>	1	2	2

※下線部分の数を比較

　この特殊音節は，1年の国語の教科書で1学期の間に指導することになっています。しかし，その複雑さを考えると，指導書にある時間数だけでは十分に覚えていくことが難しいと考えます。

(3) 特殊音節のつまずきを調べる

　特殊音節の書き誤りに対する指導は，日記や作文指導の中で日常的に行われていると思います。しかし，子どもに効果的な支援を行っていくためには，子どもの誤りの傾向を調べ，その特徴に応じた支援を考えていく必要があります。

　筆者は，1年の早い時期から読み書きのつまずきに気づいていけるよう，「ひらがな単語聴写テスト」（『読み書きが苦手な子どもへの〈つまずき〉支援ワーク』明治図書）をつくって活用しています。

　このテストは，1年の教科書から選んだ30個の単語〈表7〉を聴写させるものです。

　この30個の単語の中には，特殊音節（拗音・長音・拗長音・促音・拗促音）が各5個ずつ含まれています。評価する時に子どものまちがい傾向がわかりやすいように，特殊音節の数をそろえています。

　このテストは，学級担任がクラスの子どもに一斉にできるものにしています。『読み書きが苦手な子どもへの〈つまずき〉支援ワーク』（明治図書）の中には，特殊音節の学年別平均誤答数も載せています。これを基に，読み書

表7　聴写単語

1	くま	2	うさぎ	3	あいさつ
4	はっぱ	5	おもちゃ	6	おに
7	どんぐり	8	しいくごや	9	おとうさん
10	じょうず	11	きつね	12	ごはん
13	しんかんせん	14	すいぎゅう	15	しょっき
16	かぜ	17	えんそく	18	ぺんぎん
19	きょうしつ	20	うんどうじょう	21	いっしょ
22	ちょっぴり	23	じどうしゃ	24	しゃっくり
25	ほっきょく	26	ぎゅっと	27	はらっぱ
28	しゅっぱつ	29	きょうそう	30	どっこいしょ

きにつまずきのある子どもの実態把握をすることができます。
　また，個々の子どもの誤りを細かく見ていくと，子どもの誤り傾向がわかり，その背景にある困難さの要因についても見えてきます。この作業を誤り分析と言いますが，「ひらがな単語聴写テスト」の誤り分析からわかってくることをいくつか紹介します。

① 「じょうず」を「ぎょうず」や「ぞうず」のように拗音が正しく書けない。
・音韻に対する意識が弱く，音の違いを正しく認識できない。
・注意力が弱いために，書きまちがったことに気づかない。

② 「いっしょ」を「いしょ」のように促音が抜けてしまう。
・音韻に対する意識が弱く，促音のモーラに気づかない。
・空間感覚，時間感覚が弱く，音の隙間に気づかない。
・注意力が弱いため，促音を書き忘れる。

③ 「しいくごや」を「しくごや」のように長音が抜けてしまう。
・空間感覚，時間感覚が弱く，音の伸びに気づかない。

中にはこれらのつまずきや要因を複数もっている場合もあります。誤りがあったからと決めつけるのではなく，行動観察やその他の情報とも重ね合わせて考えていくことも大切です。

（4）特殊音節の指導

特殊音節の誤りの傾向がわかってくると，その傾向に応じて苦手な特殊音節の指導を考えていく必要があります。ここからは，それぞれの特殊音節の特徴に応じた指導法を紹介します。

①拗音の指導

まず，拗音の読みの指導について考えていきます。

拗音は2文字で1つの音になる特殊な表記の特殊音節です。「きゃべつ」の「きゃ」，「きゅうり」の「きゅ」，「きょうりゅう」の「きょ」というように，キーワードをつけて読み方を覚えるのも1つの方法です。拗音を含んだことばで絵と文字の両方入ったカードをつくり，ことばの中で拗音の読みの練習をすることも大切です。

拗音の書字の練習は，「ねじれるおとどれだ？ 1・2」〈図13〉（『読み書きが苦手な子どもへの〈基礎〉トレーニングワーク』明治図書）のように，拗音の音からしっかり文字を思い出せるように指導して下さい。

また，「ぎゃ」と「じゃ」のように濁音を含んだ拗音の違いも認識していけるような指導も必要になります（『読み書きが苦手な子どもへの〈つまずき〉支援ワーク』参照）。

さらに，拗音は種類が多いため，「きゃ」を含んだことばを書き取る練習をした後に，「きゃ・きゅ・きょ」から選んで書き取る練習〈図14〉というように，ステップを踏んだ指導も大切です（http://www.jpald.net/research/ 全国LD親の会 サポートツール・データベースよりダウンロード可）。

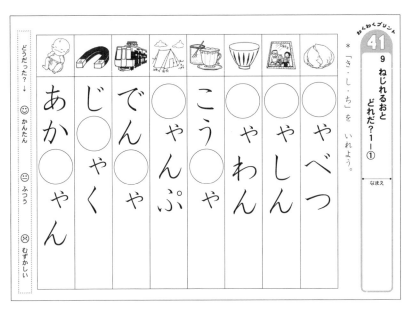

図13　ねじれるおとどれだ？　1

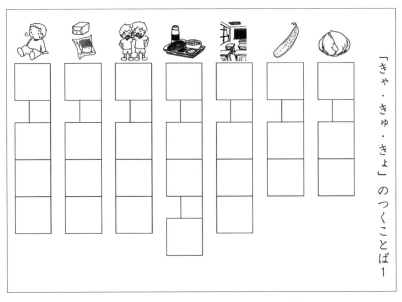

図14　「きゃ・きゅ・きょ」のつくことば

②促音の指導

　促音は音のないモーラですので，ことばを言いながら手拍子等で拍をとる練習をしっかりさせます。少しゆっくりめにことばを言いながら，促音部分も1拍たたけるように練習します。促音の拍だけ手でつまむ（またはグーにする）動作を入れると，促音の位置が視覚的にもわかりやすくなります。

　促音を含んだことばの音の数を数えて○に色を塗っていくプリント〈図15〉は，楽しみながら促音のモーラに注意を向けていくことができます。

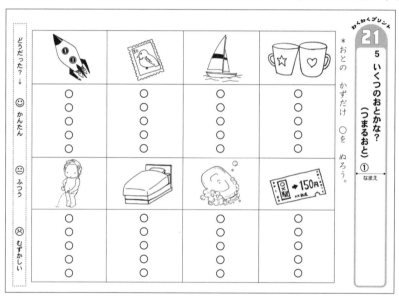

図15　いくつのおとかな？（つまるおと）

③長音の指導

　長音は，音が伸びているかどうかの判断と，伸びている音に対してどの文字を書くか，という2つの段階があります。

　音が伸びているかどうかの判断には，促音と同じように長音を含んだことばの音を数える（モーラ分解）練習をします。

　長音の音と文字の対応は次のようなプリント〈図16〉を使います。

　伸びている音と「あ・い・う・え・お」の文字との対応を考えていきますが，「ぞう」や「ぶどう」のように(o)と伸びた音を「う」と表記することは経験的に学んでいく必要があると思います。

図16　のばすおとどれだ？

特殊音節聴写につまずきのある子の事例

〈Bさん・1年生・男児〉
- 3歳になってもことばが増えずに心配していた。
- 年少から幼稚園に通いだすと，よくおしゃべりするようになったが，不明瞭でわかりにくかった。
- 「トウモロコシ」を「とうもころし」というような言いまちがいが多かった。
- ひらがなに興味がなく，覚えるのに時間がかかった。
- パズルや迷路は好きで，得意だった。
- 1年の国語の教科書は1文字ずつのたどり読みで，何回も練習するとスラスラ読めるようになる。
- ことばを書こうとすると，文字が思い出せず，何度もつぶやきながら思い出そうとしている。
- 日記を書く時に，「ラクダ」を「だくら」と書くような「だ」と「ら」の混同がある。

○ひらがな単語聴写テスト
- 特殊音節の誤数が25個中18個と多い。
- 「いっしょ」を「いしゅ」，「ほっきょく」を「ほそく」のように，拗音が正しく書けず，促音も抜けることが多い。
- 「はらっぱ」を「はだぱ」と似ている音に書きまちがうことがある。

○WISC-Ⅲの結果から
- 知的水準は平均レベル。
- 言語性IQが動作性IQに比べて有意に低い。
- 数唱が低い（W）。
- 積木模様が高い（S）。

○アセスメント結果
・幼児期にことばの音韻まちがいが多いことや,「だ」と「ら」の混同があることから,音韻認識の弱さが認められる。
・特殊音節聴写では,音の正確な分析力が必要な拗音の誤りが多く,モーラ感覚が必要な促音の誤りも多い。
・WISC-Ⅲでは,言語性能力の弱さが見られ,特に聴覚的短期記憶に関係する数唱の弱さが認められる。
・音韻認識や聴覚的短期記憶の弱さが,拗音と促音の聴写困難につながっていると考えられる。

○**特殊音節の指導**
・拗音の指導では,〈図13〉(p41参照)のようなプリントを使い,「きゃべつ」の「きゃ」の音には「き・し・ち」のどの音が含まれるかを考えさせ,音をベースにして対応する文字を考えさせる練習をする。また,「ゃ・ゅ・ょ」や「ぎゃ」と「じゃ」の違いについても同様に,音から文字の対応を考えさせる練習を入れていく。
・促音の指導では,ことばのモーラ分解の練習を十分させ,音のない促音モーラを手拍子でとる練習をさせる。促音モーラの時に,手でつまむ形にさせると,言葉の中での促音の位置が視覚化でき,わかりやすくなる。

〈Cさん・1年生・男児〉
・幼児期,ことばの発達の遅れはなかった。
・目と手を使う積み木,パズルのような遊びは好きでなかった。
・ひらがなはすぐ覚えたが,書くことは苦手だった。
・1年の国語の教科書は,文字を読み飛ばしたり,形の似ている「は」と「ほ」を読みまちがうことがある。
・「ぬ」「や」「ん」等の文字がうまく書けない。

○ひらがな単語聴写テスト
・特殊音節の誤数が25個中16個と多い。
・「おとうさん」を「おとさん」,「うんどうじょう」を「うんどじょう」と,長音を抜かして書くことが多い。
・促音はすべて抜けている。
・「ぱ」を「ぽ」と書きまちがう。
・拗音の誤りはない。

○ WISC-Ⅲの結果から
・知的水準は平均の下レベル。
・動作性IQが言語性IQに比べて有意に低い。
・積木模様,組合せが低い（−）。
・単語が高い（S）。

○アセスメント結果
・幼児期から視知覚の発達の弱さが見られ,WISCの結果からも空間認知の弱さが認められる。
・特殊音節聴写では,音が伸びている部分の長音や音の隙間の促音が抜けることが多い。
・空間感覚,時間感覚の弱さが長音と促音の聴写困難につながっていると考えられる。

○**特殊音節の指導**
・長音の指導では,〈図16〉（p43参照）のようなプリントを使い,音の伸びている部分にどの文字が対応するかを考えさせる練習をする。
・促音の指導では,拍をとりながらのモーラ分解と並行して,促音を含んだことばで聴写の練習を入れていく。

5 漢字の誤りパターン

(1) かな文字と漢字の違い

　かな文字と漢字の大きな違いは，表音文字と表意文字の違いにあります。
　かな文字は，日本語の音の単位（モーラ）に対応して音を表している文字です。そのため，1文字では意味をもたず，いくつかが組み合わさって意味のあることばになります。
　これに対して漢字は，1文字で意味をもつ表意文字です。「石」は「石ころ」の意味をもち，音も訓読みが意味に対応して「いし」となります。

　また，かな文字と漢字の間には，文字と音の対応関係にも違いがあります。
　かな文字は，特殊音節や助詞の「は，へ」を除いて，基本的には1つの文字に1つの音が対応します。「あ」という文字はどんな場合にも（a）としか読みません。
　一方，漢字には音読み・訓読みの複数の読み方があり，その中にも複数の読み方をもつものもあります。「平」という漢字には「ヘイ・ビョウ」という音読みと，「たい（ら）・ひら」という訓読みがあります。「平和な世界」「平等にあつかう」「平らな土地」「平泳ぎで泳ぐ」のように，熟語や文になってはじめて読み方が決まってきます。

　このように，かな文字と漢字では，特徴に大きな違いがあるため，読み書きのつまずき方にも違いが出てくることが考えられます。

第1章　国語の誤り分析　　47

(2) 漢字の難しさ

　漢字は表意文字で，形から意味が推測できるため，覚えていきやすい側面ももっています。その反面，読み書きにつまずきが起こりやすい難しい側面も多くもっています。

①文字の種類が多い
　小学校で習う漢字は1006文字です。特に3・4年では，1年間に200文字を学習します。アルファベットやかな文字と比べて，膨大な数の文字を覚えなければなりません。

②画数が多く，形が複雑
　ひらがなは最大4画ですが，漢字では小学校で習うものの中でも最大20画のものがあります。複数の部首が組み合わさってできる漢字も多くあり，形が複雑です。

③複数の読み方がある
　漢字には音読み・訓読みの複数の読み方があり，それぞれに複数の読み方をもつものがあります。「下」の字は「地下・下山・年下・川下・下げる・下る」等，いろいろな読み方がされます。

④熟語になると，読み方が変わるものがある
　「空→青空（あおぞら）」「文→文字（もじ）」のように，熟語の中では一般的な読み方から変わるものがあります。また，「一日（ついたち）」のように，熟語全体で読み方が変わってしまうものもあります。

　このような漢字の難しさが，漢字の誤りにつながってくると考えます。

(3) 漢字の３要素

　かな文字を覚えるには，「音」と「形」の２つのつながりを覚えることが必要です。これが漢字になると，もう１つの要素「意味」も一緒に覚えることが必要になります。

　漢字の誤りパターンを見ていくと，この３要素が漢字の誤りと関連していることがわかります〈図17〉。

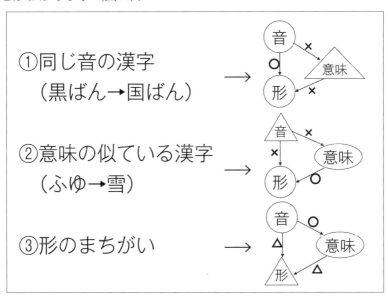

図17　漢字の誤りと３要素

　①同じ音の漢字に書きまちがう場合には，漢字の「意味」がしっかり覚えられていないことがわかります。

　②意味の似ている漢字に書きまちがう場合には，漢字の「音」の部分の弱さが考えられます。

　③形のまちがいでは，「形」の習得が不十分だということになります。

　次の項からは，この３つの誤りパターンについて詳しく述べていきます。

(4) 同じ音（読み）の漢字の誤り

　同じ音（読み）の漢字の誤りは，同音異字と呼ばれます（訓読みの場合は同訓異字とも呼ばれることがありますが，ここでは音・訓両方含めています）。

　意味的にも近いと，「会う→合う」「多い→大い」等，通常の子どもでもまちがいが起こりやすくなります。熟語では，「器具→気具」のように一方の漢字をまちがうことが多く，「正確→性格」のような熟語全体の誤りはまれです。

　このような誤りを頻繁に起こす子どもは，漢字の３要素のうち「意味」の部分がしっかり覚えられていません。漢字を覚える時に，形の方に注目しすぎているのかもしれません。また，広汎性発達障害（自閉症スペクトラム）の子どもは，意味理解よりも抽象的な形の処理の方が優れているために，同音異字の誤りを起こしやすくなります。

　また，このような誤りの多い子どもには，漢字を覚える際に部首の意味（「にくづき」は体に関係する等）に注目させたり，絵と漢字を対応させたりしながら，漢字の「意味」を意識できるような練習をさせるとよいでしょう。

　また，この同音異字の誤りは，「不注意」からも起こってきます。漢字テストで，問題の文を注意して読まずに，ふりがなの部分だけを見て漢字を書いてしまうことがあります。「□(あか)るい光」で「明」と書かずに「赤」と書くような誤りが起こります。

(5) 意味の似ている漢字の誤り

　意味の似ている漢字の誤りとは，「店で牛(にく)を買う」や「秋から雪(ふゆ)にきせつがかわる」のように，意味的に関連のある漢字を思い出し

てしまう誤りです。熟語では，「先生→生先」「京都→都京・東京」のように漢字の前後が入れ替わったり，意味的に似ている別の熟語になったりもします。

　このような誤りを起こす子どもは，漢字の3要素のうち「音」の部分がしっかり覚えられていません。つまり，読みの苦手な子どもに起こりやすいと言えます。
　音韻的な弱さをもつ「読み書き障害（ディスレクシア）」タイプの子どもでは，低学年でこのようなまちがいを多く起こします。また，学年が上がり，覚える漢字が多くなると，読みから漢字を思い出しにくい，漢字のまとめテストで点がとれないということが起こってきます。
　対応としては，漢字を練習する時に，必ず読みを唱えながら書く練習や，文章の中で漢字や熟語を読んでいく練習をしっかりさせることが大切です。また，意味から覚えていくことには優れているため，漢字の「なかまあつめ」等，意味のつながりで漢字を覚えていくことも有効です。

(6) 形の誤り

　形の誤りにはいくつかのパターンがあると考えています。

①形態的類似字
　「教える→考える」「道→遠」のように，形が似ている漢字に書きまちがえるパターンです。「親友→新友」のように，読みも似ているとまちがうことが多くなります。

②部分的な形の誤り
　"線が一本たりない""余分な線が突き出ている""点の数が多い（少ない）"のような漢字の形の部分的な誤りです。

③全体的な形の誤り

漢字の部首の一部が別の字になっていたり，形が大きく歪んで存在しない字になっていたりするような場合です。

④部首の配置の誤り

"偏と旁が逆になる" "部首の位置関係がおかしい" 等の部首の配置の誤りです。

形の誤りの背景には，「空間認知の弱さ」「不注意」「不器用」「視機能の弱さ」等，いくつかの要因が考えられます。子どもの他の情報と考え合わせて，その子に合った支援の方法を考えていくことが必要です。

タイプ別漢字支援

①読み書きが苦手なタイプへの漢字支援

　このタイプの子どもは音を覚えるのは苦手ですが，意味から覚えていくことは得意です。そのため，漢字パーツ表（p57）を用いて漢字を唱えながら書く練習をさせることや，部首の意味を教えていくことが大切です。この時に「にんべん」「さんずい」のようなものだけでなく，一般的でないものも含めて教えていくと効果的です〈表8〉。

表8　部首の意味

宀	うかんむり	やね・いえ	家宿宮客室宅宝
广	まだれ	たてもの	店広庫庭座府
禾	のぎへん	イネ	秋種積移税科穀
礻	しめすへん	神	神社礼祝福祖祭
阝	こざとへん	盛り上がった土	階防限陸院陽隊
攵	のぶん	手の動作・動き	枚数教放救散敬
欠	あくび	口を大きくあける	歌飲次欲

　また，漢字の成り立ち等，漢字を思い出す手がかりとなるものを積極的に取り入れることも大切になります。

　漢字の読みは，文章の中でどのように使われるかによって読み方が決まってきます。絵入りの短文カードをつくって文の中で漢字や熟語を読む練習も大切です。また，文章の中で抜けている漢字を推測させる練習〈図18〉や，同じ漢字に文脈に合ったふりがなをつける練習〈図19〉も効果があります。

第1章　国語の誤り分析

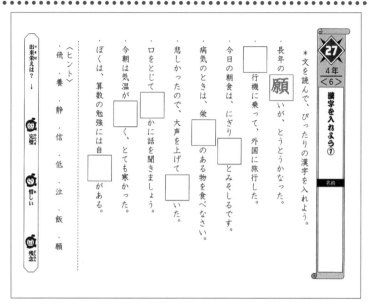

図18 漢字を入れよう

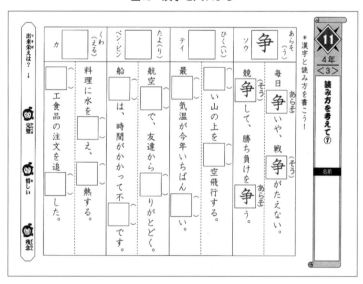

図19 読み方を考えて

②書字が苦手なタイプへの漢字支援

このタイプの子どもの多くは空間認知の弱さをもっています。空間認知が弱いと偏と旁の位置関係や斜め線の方向がわかりにくくなります。そのために，偏と旁を逆に書いてしまったり，「顔，参」の斜め線が逆になったりします。画数の多い複雑な漢字も苦手になります。

漢字の練習の際には，視覚的にとらえやすくするために，少し大きめのマス目で薄い色の十字補助線を入れたもので練習するとよいでしょう。お手本にも補助線を入れると，よりわかりやすくなります。また，部首を唱えながら書く練習や漢字を書いたカードを部首ごとに切り分けて構成の練習をさせるのも，効果的です〈図20〉。

図20　漢字の構成練習

また，漢字の部首をたし算して漢字をつくる練習〈図21〉も，部首の形への注目や構成を考えるため，形の苦手さへの支援になります。

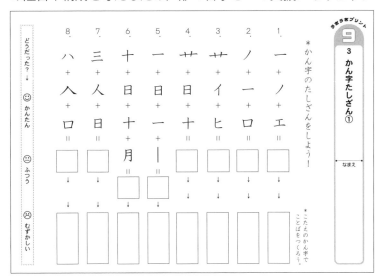

図21　かん字たしざん

③衝動的なタイプへの漢字支援

　行動のコントロールが苦手で自分のペースでやろうとするため，ミスが多く，学習の積み重ねができません。

　漢字を書く前に，まず姿勢の保持ができているか確認します。椅子の上に正座していたり，肘をついて体が傾いたりしている場合があります。足がぶらつかないように足置き台を置いたり，机・椅子の高さを調節したりします。

　一度に多くの練習をさせようとすると，投げ出してしまったり，いい加減なやり方でしてしまったりします。

　漢字の練習方法として，次のようなやり方をとります。①子どもが書いた漢字で気をつけるポイントを1つだけ示す。②ポイントを守って書ければ1回で終わり。③よかった点を褒める。〈図22〉のようにして，漢字を書く時の自己コントロール力をつけていきます。漢字カルタの絵札を少し離れた床に並べて競争で取り合うような，体の動きを入れた活動を取り入れると，集中して取り組むことができます。

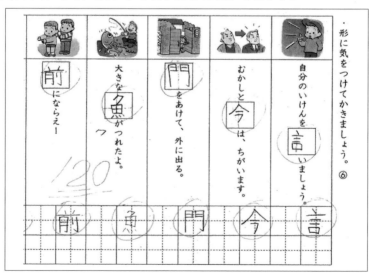

図22　形に気をつけてかきましょう

④不注意なタイプへの漢字支援

　注意の持続やコントロールが苦手なために，学習が身につきにくいタイプです。教室では，おとなしく座って学習しているために，気づかれていない可能性もあります。

　漢字の練習の仕方を教えていく必要があります。

　漢字パーツ表〈図23〉を使って，漢字の部首とその名前を覚えさせます。

方	ネ	石	食	車	禾	彳	金	馬	牛	扌	冫	火	漢字パーツ 3年生
かたへん	しめすへん	いしへん	しょくへん	くるまへん	のぎへん	ぎょうにんべん	かねへん	うまへん	うしへん	てへん	にすい	ひへん	
耂	广	尸	疒	癶	罒	穴	月	酉	足	巾	戸	矢	
おいかんむり	まだれ	しかばね	やまいだれ	はつがしら	つめかんむり	あなかんむり	にくづき	とり	あしへん	はばへん	とだれ	やへん	
己	匚	入	欠	斤	隹	阝	頁	刂	攵	寸	走	辶	
おのれ	はこがまえ	ひとやね	あくび	おのづくり	ふるとり	おおざと	おおがい	りっとう	のぶん	すん	そうにょう	しんにょう	

図23　漢字パーツ表（3年生）

　パーツ漢字練習プリント〈図24〉を使って，覚えたい漢字を漢字パーツ・既習漢字・カタカナ等に自分で分けさせます。分類できない部分は自分で命名させます。パーツの名前やでき上がった漢字の読み方を唱えながら書く練習をさせます。

　自分で漢字の形や読み方を考えながら練習するようになると，漢字が覚えられるようになります。

　また，漢字のたりない部分を探す漢字のまちがい探し〈図25〉の練習も，漢字の細かい部分に注意を向けていくのに有効です。

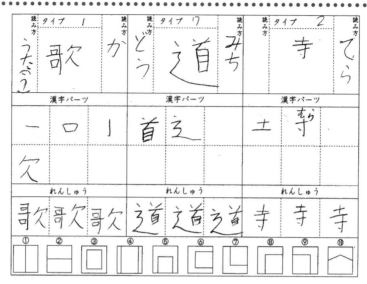

図24　パーツ漢字練習

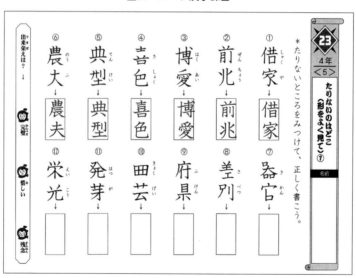

図25　漢字のまちがい探し

漢字の誤り分析

（1）漢字の誤り分析

　漢字の誤り分析は，日常やっている漢字テストを使って行うこともできますが，細かい特徴や傾向を見ていくためには，同じテストを使って，一定の基準から比較して見ていくことも大切になります。

　筆者はそのために，1・2年で習った漢字・熟語を使った30問の漢字テストを作成して使っています。

　30問の漢字テストは，次のページから，コピーしてお使いいただけます。さらに，以下の URL から，ダウンロードして印刷することもできます。

```
URL  http://meijitosho.co.jp/164114#supportinfo
ユーザー名　164114　　　　　　パスワード　hwoygc
```

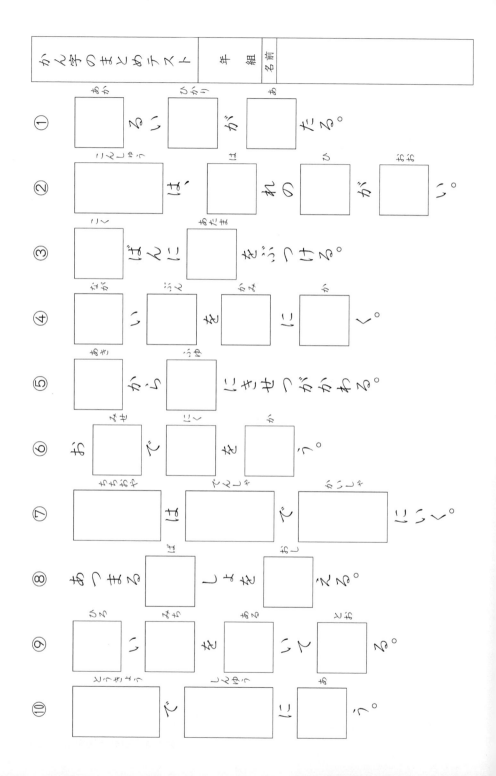

1・2年で習った漢字を使用していますので，2年の3学期か3年のはじめに使うことを想定しています。また，漢字のつまずきの大きい子どもでは，高学年で実施しても分析できると考えています。

　これまで何回か実施した結果を見ると，平均点は30問中約24点で，満点をとる子どももいれば，10点以下の子どもも数名出てきます。得点だけで判断するのではなく，書き誤った漢字の誤りパターンから考えていくのが誤り分析のやり方です。

　誤りのパターンは次の7種類を考えています。

①部分的な形の誤り
　線や点が少なかったり，多かったり，一部分が違う形になっている誤りです。

②形の誤り（存在しない漢字）
　①より誤りの程度が大きく，部首の一部が違う部首になっていたり，他の部首をつけ加えたりして，存在しない漢字になっているものです。

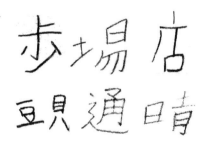

③部首の配置の誤り

"偏と旁が逆になる""部首の位置関係がおかしい"等の部首の配置の誤りです。

④関連のない漢字

全く関連性の見つけられない「当てずっぽう」で書いたような誤りです。

⑤同音異字

"明るい→赤るい""親友→新友"のような同じ読み方の違う漢字に書きまちがう誤りです。

⑥意味的類似字

"歩いて→走いて""頭→顔"のように，意味の似ている違う漢字に書きまちがう誤りです。これには"東京→京東"のような熟語の前後が入れ替わる誤りも含めています。

⑦形態的類似字

形が似ている漢字に書きまちがう誤りです。"しんにょう""のぶん"等の部首が同じであったり，全体的な形が似ていたりするために，書き誤ったものです（例：道→通，教える→数える・考える）。

(2) 漢字の誤り分析練習

　それでは，実際の漢字テストの解答例を使って分析の練習をやってみましょう。分析には64ページの分析表を用います（コピーして使用して下さい）。

　分析は，第1段階と第2段階に分かれています。
　まず，第1段階について説明します。
　正しい漢字が書けていれば「想起〇─正答」の欄にチェックを入れます。この時の正答の基準はあまり厳しくしないことが重要です。「とめ・はね・はらい」ができていないことや，形・バランスの悪さは大目に見ていきます。
　正しい漢字を思い出したのに，書かれた漢字の形が誤っている場合があります。この場合には，「想起〇─形×」の欄にチェックを入れて，この場合のみ第2段階の分析をします。
　何も書かれていない場合には，「無答」の欄にチェックを入れます。熟語の一方が書かれていない場合も同様にチェックを入れます。
　正答と違う漢字が書かれている場合には，「誤想起」として，「関連のない漢字─④関無」「同音異字─⑤同音」「意味的類似字─⑥意似」「形態的類似字─⑦形似」の，いずれかの誤りパターンに分類して，チェックを入れます。
　「親友→新友」のように読み方も形も似ている誤りの場合には，「⑤同音」「⑦形似」の両方にチェックを入れてもかまいません。
　熟語の一方だけが書かれていて，書かれた漢字が正答と違う場合には，「無答」と「誤想起」の両方にチェックを入れます。

　第2段階の分析は，前述の「想起〇─形×」の欄にチェックを入れた漢字のみに行います。正しい漢字を思い出したのに，形に誤りがあるため，その誤りが「①部分的な誤り」「②形の誤り─存在しない漢字」「③部首の配置の誤り」のいずれになるか判断してチェックを入れます（分析表記入例参照）。

(　年　組　番)（氏名：　　　　　　　）

No.	漢字	誤答	第1段階 想起○ 正答	形×	無答	誤想起 ④関無	⑤同音	⑥意似	⑦形似	第2段階 形の誤り 形①	形②	形③
1	明るい											
2	光											
3	当たる											
4	今週											
5	晴れ											
6	日											
7	多い											
8	黒ばん											
9	頭											
10	長い											
11	文											
12	紙											
13	書く											
14	秋											
15	冬											
16	お店											
17	肉											
18	買う											
19	父親											
20	電車											
21	会社											
22	場しょ											
23	教える											
24	広い											
25	道											
26	歩いて											
27	通る											
28	東京											
29	親友											
30	会う											
	合計											

〈第2段階〉　形①（部分的な誤り）　形②（形の誤り－存在しない漢字）　形③（部首の配置の誤り）

〈分析表記入例〉

漢字の誤り分析表			第1段階					第2段階		
			想起○		無答	誤想起			形の誤り	
No.	漢字	誤答	正答	形×		④関無	⑤同音	⑥意似	⑦形似	形①	形②	形③
1	明るい		✓									
2	光				✓							
3	当たる	文				✓						
4	今週	今秋					✓					
5	晴れ	天						✓				
6	日	目							✓			
7	多い	タタ		✓								✓

　すべての漢字についてチェックができたら，各項目の合計数を記入しておきます。
　それでは，実際の漢字テストの解答例を使って，漢字の誤り分析にチャレンジしてみましょう。

〈実際の漢字テストの解答例〉

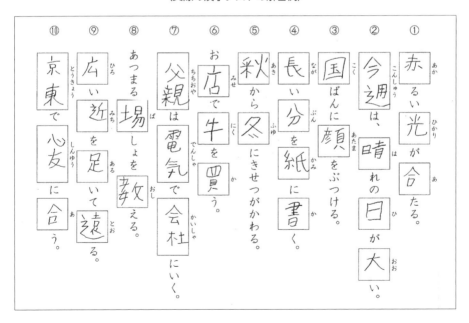

第1章　国語の誤り分析　　65

いかがでしたか？　解答は次のようになります。

(　年　組　番)(氏名：　　　　　　　)

No.	漢字	誤答	想起〇		無答	誤想起				形の誤り		
			正答	形×		④関無	⑤同音	⑥意似	⑦形似	形①	形②	形③
1	明るい	赤					✓					
2	光		✓									
3	当たる	合					✓					
4	今週	今週		✓							✓	
5	晴れ	晴		✓						✓		
6	日		✓									
7	多い	大					✓	(✓)				
8	黒ばん	国					✓					
9	頭	顔						✓	(✓)			
10	長い		✓									
11	文	分					✓					
12	紙		✓									
13	書く	書		✓						✓		
14	秋	秋		✓						✓		
15	冬	冬		✓								✓
16	お店	店		✓						✓		
17	肉	牛						✓				
18	買う		✓									
19	父親		✓									
20	電車	電気				✓						
21	会社	会社		✓					✓		✓	
22	場しょ	土場		✓						✓		
23	教える	教		✓							✓	
24	広い		✓									
25	道	近							✓			
26	歩いて	足						✓				
27	通る	遠						✓	(✓)			
28	東京	京東						✓				
29	親友	心友					✓					
30	会う	合					✓		(✓)			
	合計		7	9	0	1	8	4(5)	1(4)	5	3	1

〈第2段階〉　形①(部分的な誤り)　形②(形の誤り－存在しない漢字)　形③(部首の配置の誤り)

(3) 結果からの分析

　分析が終わると，集計した誤りの合計からその子の誤りの傾向を見ていきます。

①「無答」が多い場合

　「無答」つまり空白の部分が多いというのは，読みから漢字を思い出しにくいということです。子どもは国語の時間や宿題で何回も漢字を覚える練習をしています。習ってすぐの漢字テストでは点をとれても，以前に習った漢字を思い出せないということが起こります。このように，読みから漢字を想起しにくい子どもは，漢字の読みを覚えていくことが苦手と言えます。文字や文章の読みが苦手な「読み書き障害」タイプの子どもは，たくさんの文字を覚えなければならない漢字のテストで「無答」が多くなります。

②「同音異字」が多い場合

　「同音異字」の誤りは，漢字の3要素のうち「意味」の部分をしっかり覚えられていないためと考えます。この誤りを頻繁に起こす場合や「親友→真言（しん・ゆう）」のように熟語の意味を全く考えない誤りを起こす場合には，「自閉症スペクトラム」が背景にあることが考えられます。自閉症スペクトラムの子どもは機械的な記憶や抽象的な形の処理に優れていることが多く，反対に，言葉の概念や意味理解に弱さをもっています。そのため，漢字を意味ではなく，形や音で覚えていきます。文章の意味を考えずに，音から漢字を書いていくために「同音異字」の誤りが多くなります。

　また，この誤りは「不注意」からも起こってきます。漢字テストで問題の文を注意して読まずに，ふりがなの部分だけを見て漢字を書いてしまうことがあります。「□(あか)るい光」で「明」と書かずに「赤」と書いたり，「□(こく)ばんに字を書く」で「国」と書いたりするような誤りが起こります。

第1章　国語の誤り分析

③「意味的類似字」が多い場合
　この誤りだけが極端に多い事例はあまりないように思います。「意味的類似字」は，漢字の３要素のうち「音（読み）」の部分の弱さから起こると考えられます。読みの苦手な「読み書き障害」タイプの子どもは，得意な意味を優先して漢字を思い出し，「音（読み）」が合っていない漢字を書いてしまいます。熟語の場合も，「東京→京東」「親友→友親」のように意味や形から漢字を思い出し，読み方が合っていない誤りになります。また，読みの苦手さから起こる①の「無答」が多い場合と重なって起こりやすくなります。

④「形態的類似字」が多い場合
　「形態的類似字」は，漢字の３要素のうち「形」の部分の弱さから起こると考えられます。形や方向がとらえにくい，空間認知の弱さをもつ「書字障害」タイプの子どもが起こしやすい誤りです。
　また，この「形態的類似字」の誤りは「衝動性」からも起こってきます。漢字テストでじっくり考えながら取り組めないため，パッと思いついた漢字を書いてしまいます。見直してチェックしないため，まちがった字を書いていても気づくことがありません。衝動性の強い子どもは「形態的類似字」を含め，その他の誤りも複合して起こす傾向があります。

⑤「部分的な形の誤り」が多い場合（第２段階：形①，形②）
　正しい漢字を思い出せたのに，書いた漢字の形が部分的に誤っている場合です。点や線がたりなかったり，一部分が違う部首になったりしている場合もあります。
　この誤りは「不注意」から起こりやすいと考えます。「不注意」タイプの子どもは，漢字を練習していても頭の中では違うことを考えていたりします。偏ばかり先に書いて，旁は後から書くような練習をしている場合もあります。漢字を覚えるための練習になっていないために，思い出す時に形を曖昧にしか思い出せません。

「不注意」タイプと「読み書き障害」タイプの両方のつまずきをもつ場合もあります。そうなると，漢字を思い出しにくく，思い出せた漢字も不正確なため，漢字テストで点数が低くなってしまいます。

⑥「部首の配置の誤り」が多い場合（第2段階：形③）
　正しい漢字を思い出せたのに，偏と旁が逆になったり，部首の位置関係がおかしかったりする場合です。
　この誤りは主に「空間認知」の弱さから起こってきます。形や方向の苦手さがあるため，「形態的類似字」や書字の問題とも関係する場合もあります。

　誤り分析は，1つの結果だけで決めつけないことが大切です。
　計算や文章題等の「算数」における誤り分析や，同じ「国語」でも，かな，特殊音節，音読等，漢字以外の側面からの分析と組み合わせて行うことが大切です。また，子どもの生活・行動面から得られる情報も重要で，それらと関連させて考えていく視点も必要です。

　誤り分析を通じて，子どもをより深く理解し，適切な支援につなげていきましょう。

7 事例分析

　漢字の誤り分析の方法を使って実際の子どもの事例を分析してみましょう。ここでは，A児・B児の2人の事例を用意しています。

　まず，「かん字のまとめテスト」を64ページの分析表を用いて，先ほどの手順で分析していきます。そこからわかったことをp73，76の表を使って，「①『かん字のまとめテスト』の分析から」の欄に整理します。これまでのテストの結果から，3年のはじめの時点で30問中，18〜14点が「要注意群」，13点以下が「低得点群」になります。

　次に，「かん字読み方テスト」の結果を載せています。これは，1・2年で習った漢字熟語30問の読み方を書いていくものです。こちらの点数は30問中，18〜12点が「要注意群」，11点以下が「低得点群」になります。得点だけでなく，誤りパターンや特殊音節が正確に書かれているかもチェックして下さい。得点と誤りの特徴を「②『かん字読み方テスト』の分析から」の欄に整理します。

　その次が，学級での様子です。ここは実際の子どもの場合，行動観察になります。「③学級での様子から」の欄に，授業中の様子や学習でのつまずきの様子から子どもの特徴を整理します。

　さらに，①〜③で整理した子どもの特徴を関連させ，「④子どもの特徴」の欄にまとめます。

　「⑤指導教材と留意点」の欄には，子どもの特徴を踏まえ，子どもに応じた指導教材を選び，それに取り組ませる時の指導者側の留意点をまとめます。子どもに応じた指導教材の選択は，コラムにある「タイプ別漢字支援」の項を参考にして下さい。

（1）事例1（A児：3年生・男児）

○かん字のまとめテスト

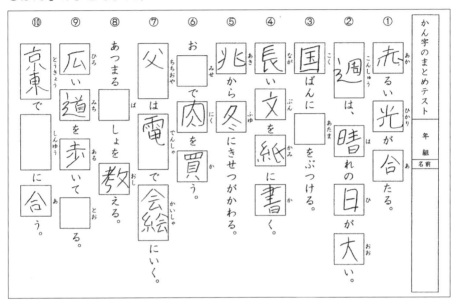

○かん字読み方テスト（12／30点）

〈誤答〉夜風（よるかぜ），会社（しゃかい），文字（ぶんじ），一週間（いしゅうかん），土地（つち），人形（にんきょ），教科書（きょかしょ），中国（ちゅうこく），二十本（にじゅうほん），今週・町内・大切・合体・家来・親切・画用紙・計画・先頭（空白）

〈正答〉学校，水中，人間，中心，教室，市場，東京，日記，金魚，汽車，少年，兄弟

＊一斉テストでは，はじめほとんど書けていなかったが，横に行ってひとつひとつ確認すると，書けるものが多かった。

○学級での様子

・休み時間には，自分の興味のあることを担任によく話をしに来る。
・授業中ボーッとして話を聞いていないことが多い。
・忘れ物が多く，机の中も乱雑である。
・朝，学校に来ても荷物の整理をせず，ボーッとしていることがある。
・国語の教科書の音読はたどたどしく，思い込み読みや勝手読みの誤りが多い。
・日記や作文では，漢字を使わず，拗音や促音の表記の誤りが多い。
・九九が完全に覚えられておらず，4や7の段をまちがうことが多い。
・筆算の計算は時間がかかり，不注意なまちがいも多い。
・文章題は苦手で，cmやdL等の単位の読み方を覚えていない。

①「かん字のまとめテスト」の分析から

②「かん字読み方テスト」の分析から

③学級での様子から

④子どもの特徴

⑤指導教材と留意点

(2) 事例2（B児：3年生・男児）

○かん字のまとめテスト

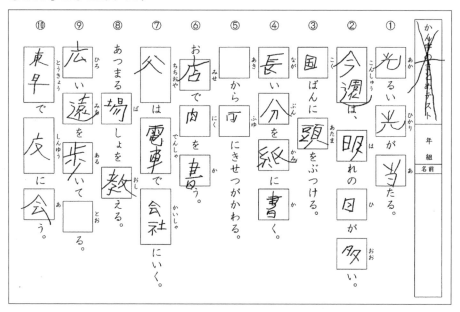

○かん字読み方テスト（23／30点）

〈誤答〉夜風（やふう），一週間（いしゅうかん），人形（にんきょう），家来（いえで），画用紙（かようし），二十本（にじゅぽん），先頭（せんどう）

＊読み方を早く書こうとして，文字が乱雑で読みにくい。

○学級での様子

・授業中，席についてはいるが，絶えず体のどこかが動いている。
・椅子の上に正座して座っていることが多い。
・手を挙げて発表することも多いが，見当違いの答えも多い。
・思ったことをすぐ口にするため，トラブルになることが多い。
・国語の教科書の音読は流暢だが，読み誤りが多く，読み直すために時間がかかる。
・日記や作文では，漢字を使わず，文字が乱雑である。
・計算は速いが，筆算を丁寧に書かないためにまちがうことがある。
・文章題は苦手で，きちんと読まないために立式をまちがうことがある。

①「かん字のまとめテスト」の分析から

②「かん字読み方テスト」の分析から

③学級での様子から

④子どもの特徴

⑤指導教材と留意点

解　答　事例1（A児）

① 「かん字のまとめテスト」の分析から
・正答：9／30（低得点群）
・想起できない漢字が多い（無答8個）。
・同音異字の誤りが多い（5個）。
・部分的な形の誤り（形①・形②）が多い（5個）。
・意味的類似字の誤りがある（2個）。
※以上のことから，「読み書きのつまずき＋不注意」が疑われる。

② 「かん字読み方テスト」の分析から
・正答：12／30（要注意群）
・読めない熟語が多い（空白9個）。
・促音・拗長音・拗促音の表記が不正確である。
・熟語としての意味を考えないで，読みを書いているものがある。
・思い込みで読み誤る熟語がある。
・濁点をつけ忘れることがある。
・学級の一斉テストで不注意さが見られる。
※以上のことから，「読み書きのつまずき＋不注意」が疑われる。

③ 学級での様子から
・日常会話に大きな問題は見られない。
・不注意さが見られる（話を聞いていない・忘れ物が多い・整理整頓が苦手）。
・音読がたどたどしく誤りが多い。
・作文で漢字が使えず，表記の誤りが多い。
・音韻認識の弱さが見られる（九九の誤り）。
・算数の計算や文章題で，不注意や記号の読みの困難さが見られる。

※以上のことから,「読み書きのつまずき＋不注意」が疑われる。

・・・

④子どもの特徴
・特殊音節や助詞の表記,漢字の読み書きに困難さが見られる。
・不注意さが見られる。
※このことから,「読み書き障害＋不注意の ADHD」が考えられる。

・・・

⑤指導教材と留意点
〈指導教材〉
・漢字パーツ表*
・かくれたパーツをさがせ*
・漢字たしざん*
・漢字を入れよう*
・読み方を考えて*
・つながる漢字はどれだ*
・たりないのはどこ（形をよく見て）*
*『読み書きが苦手な子どもへの〈漢字〉支援ワーク』明治図書

〈留意点〉
・漢字を覚える時に,部首や部首の意味に注目させながら練習させる。
・文脈から漢字を想起する練習や,熟語として読みや意味を覚える練習をさせる。
・漢字の細かい部分に注意を向ける練習をさせる。
・文章の読み,特殊音節の練習も入れる。

> **解 答** 事例2（B児）

① 「かん字のまとめテスト」の分析から
・正答：16／30（要注意群）
・正答の漢字でも，文字の大きさ，枠からのはみ出し，線のはみ出し，バランスの悪さ等の乱雑さが見られる。
・無答は比較的少ないが，書いている字に誤りが多い。
・同音異字の誤りがある（3個）。
・意味的類似字の誤りがある（2個）。
・形態的類似字の誤りがある（3個）。
・想起はできたが，形の不正確な漢字がある。
・不必要な落書きが見られる。
※以上のことから，「多動性・衝動性・不注意」が疑われる。

② 「かん字読み方テスト」の分析から
・正答：23／30（平均範囲内）
・かな文字が乱雑で読みにくい。
・熟語の意味や，漢字の細かい部分に注意していない読み誤りがある。
・促音や濁点に不注意な誤りがある。
※以上のことから，「多動性・衝動性・不注意」が疑われる。

③学級での様子から
・行動面で多動性・衝動性が見られる。
・音読は流暢だが，読み誤りが多い。
・作文で漢字が使えず，文字が乱雑である。
・算数で不注意な立式や計算のまちがいがある。
※以上のことから，「多動性・衝動性・不注意」が疑われる。

④子どもの特徴
・多動性・衝動性の問題による書字の困難さ。
・不注意による読み書きの誤り。
※このことから,「ADHDによる書字障害」が考えられる。

⑤指導教材と留意点
〈指導教材〉
・形に気をつけてかきましょう(「タイプ別漢字支援」p56参照)
・たりないのはどこ(形をよく見て)*
・漢字たしざん*
・漢字たし算練習〈図26〉
・走って漢字カルタ(自作教材,離れたところに絵札を置き,競争で取る)
・「京大・東田式頭がよくなる漢字ゲーム」幻冬舎エデュケーション

＊『読み書きが苦手な子どもへの〈漢字〉支援ワーク』明治図書

図26　漢字たし算練習

〈留意点〉
・学習のはじめに正しい姿勢を確認する。
・学習内容の確認,学習目標の確認。
・トークンの活用。
・学習をこなすことよりも学習内容(形に気をつける,丁寧に書く)の大切さを意識させる。
・よかった点は具体的に評価する。
・薬の服用も視野に入れる。

第2章
算数の誤り分析

1 算数の誤り分析を考えるために

(1) 算数困難とは

　子どもたちの学習困難への支援を考えていく場合，算数ができない子どもたちにどのようにかかわっていけばよいか，たくさんの先生や保護者が悩んでいます。
　算数は，正解か不正解がはっきりしているため，困難を抱えている子どもたちを発見しやすいのが特徴です。しかし，算数困難な子どもたちへの支援は様々な方法が考えられ，行われていますが，効果が上がる子ども，上がらない子どもの両方が存在することも事実です。

　なぜ，算数困難への支援がうまくいかない子どもたちがいるのでしょうか。そのことを明らかにするために，算数障害の研究も近年，精力的に取り組まれています。
　本稿では，算数障害そのものの解説をすることが目的ではないので，詳しくは触れませんが，算数困難の要因として考えられている能力の弱さについて，少し紹介したいと思います。

(2) 算数にはどんな能力が必要か

　算数障害の理解については，熊谷恵子先生（筑波大学）の書かれたものを参考にしていただかなければなりませんが，熊谷先生の論文や，堺LD研究会の研究等から，次のような能力が算数の理解にはかかわっていることが明らかになっています。

① 数概念形成（基数性・序数性）
② 継次処理能力，同時処理能力
③ 視覚認知，聴覚認知
④ 言語の発達，偏り
⑤ ワーキングメモリ機能，記憶
⑥ プランニング
⑦ 注意，集中

　もちろん，前提として知的な発達の状態がどうかも算数の理解には大きくかかわっており，算数困難の検討をする際に，まず，知的水準の検討からはじめなければなりません。知的な遅れが要因ならば，特別支援学級等で，スモールステップを含めた丁寧なかかわりが必要になります。

　知的な遅れはないということがわかった上で，先に挙げた様々な能力のどの部分の弱さがかかわっているかという検討を行います。自閉症スペクトラムやADHD等，他の発達障害が算数の理解に困難をもたらしているケースも存在します。算数困難という状態への支援には，子どもの全体的な状態像を把握しておくことも重要になってきます。

(3) 誤り分析の重要性

　このように様々な要因がかかわっていますが，どの要因がかかわっているかを検討していく手法の１つとして，誤り分析があります。誤り分析は，算数に限ったことではなく，読み書きの分析や，その他の教科でも使われますが，算数の誤り分析は，子どもの算数のテストやプリント等のまちがい方を検討して，算数困難の背景にある要因を明らかにしていきます。

　この誤り分析を実施する上で一番の問題となるのは「テスト等で，まちがいを全部消して正しい答えを書かせる」ということがよく行われていることです。子どものまちがいが全部消されてしまうと，「子どもはなぜまちがったか，どのようにまちがったか」ということが全くわからなくなってしまいます。それだけでなく，子どもたちも「自分がなぜまちがえたか。これからどのようにすればよいか」ということが見えにくくなってしまいます。
　誤り分析をする大前提として，「子どものテストに，まちがった様子がそのまま残っている」ことが大切です。

日置荘小学校の算数教室

　日置荘小学校の算数教室は，次のような特徴をもっています。

○算数教室発足の経緯

　算数教室は，本校の教科研修が算数だった時代にはじまっています。
1　算数の力をつけるためにどのような方法があるかということが論議になった。
2　当時，夏休みに算数教室を希望者対象に実施していたが，とんでもなくたくさんの子どもたちが受けに来ていた。本当に算数に課題がある子どもは来ていなかったりと，学力向上という意味では効果がないと反省が出た。
3　算数の学習が理解できるようになるためには，基礎的な力が背景にあり，その基礎的な力を支えて底上げする取り組みがないと，本当の意味で算数の学力向上は望めないことが確認された。
4　そこで，リソースルームという考え方で算数教室を実施することになった。

○日置荘小学校の「算数教室」の特徴

1　リソースルームの考え方に沿っていること（リソースルームとは，その子に合った特別な教育を受けるための教室であり，通常の学級ではできない学習を遅れている子どもに対して行うもの）。
2　つまり，その子の算数のできない要因に沿った指導を試みる場として行うものである（遅れを取り戻すための促進学級というものではない）。
3　その学年の子どもの中で，算数に困難のある子どもに共通のテスト

を実施して選び出す。
4 10数名の子どもたちに対して，保護者同意を得る。
5 保護者同意の得られた子どもたちに対して，算数教室の一番最初に簡単な認知のテストを実施して，対象となる子どもの認知の特徴をつかむ。
「逆唱」「左右確認」「語彙」「数の基礎」「心の理論課題」
6 弱い特徴に対するトレーニングを行いつつ，算数の基礎的な力の習得をめざす。まちがい探しや文づくりの課題，左右トレーニング，逆唱トレーニング等を行う。
7 学習した内容について，学習の内容を簡単に書いて毎回渡す。
8 指導時間は，各学年5時間授業の日の6時間目に行う。下校は6時間ある学年と一緒に下校させる。

誤り分析の実際

（1）誤り分析の具体例

　次に，算数の問題の解答の誤りから，どのような特徴を見ていくかという実例をいくつか紹介します。

問題1

```
    2 3
  ×　4 5
  ─────
　 1 1 5
 　9 2
  ─────
　 2 0 7
```

　この誤りは，どのような要因からきているでしょうか。
　「92」を書く場所がずれたために，「5と2」をたしてしまっています。そのため，その次のたし算もずれてしまい，計算まちがいとなっています。ここまでの分析は，誤り分析のステップ1と思って下さい。大事なのはこの次の段階で，「なぜ，ずれたか」ということを考えます。ここで考えられることは，

・視覚認知の弱さ

・不器用さ

の2つです。細部をしっかりとらえることが難しいために，適切な場所に書くことができなかった可能性と，不器用さがあって，書く場所を正確にとらえることができなかった可能性があります。

問題2

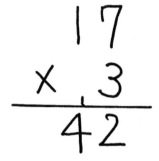

この誤りは，どのような要因からきているでしょうか。

「3×7＝12」としてしまったために，計算まちがいをしています。ここまでがステップ1の分析です。では，なぜ九九をまちがったかというと，「さんしち」を「さんし」と計算しています。このまちがいの背景には，

・聴覚認知の弱さ

が考えられます。聴いた音の弁別が悪いために，自分で唱える九九の曖昧さにつながっています。

問題3

$$\begin{array}{r} 43 \\ \times 32 \\ \hline 126 \end{array}$$

　この誤りは,どのような要因からきているでしょうか。
　「2×3」「3×4」の計算はしていますが,タスキにかける計算をしていないことがわかります。まず,一の位の計算「2×3」をして「2×4」をして,「86」と書きます。次に,十の位の計算「3×3」をして「3×4」をして「129」と下の段に書いてたしていくのが筆算の仕方ですが,ここで,誤りの要因として考えられるのは,

・手順をとばしているため,意味の理解が弱い
・継次処理の失敗

の2つです。背景に言語の弱さがある可能性もあります。そのため,意味の理解が弱くなっていると考えられます。

第2章　算数の誤り分析

問題4

① 3 ＋ 4 ＝7
② 7 ＋ 5 ＝12
③ 6 ＋ 8 ＝14
④ 8 ＋ 5 ＝13
⑤ 9 － 3 ＝12
⑥ 6 － 5 ＝11
⑦ 8 － 7 ＝15
⑧ 4 － 3 ＝7

　この誤りは，どのような要因からきているでしょうか。
　①〜④の計算はできていますが，⑤からはひき算になっているにもかかわらず，ずっとたし算をしています。演算記号に注目せず，最初にたし算だったので，当然「ずっとたし算」だと思い込んでいます。ここで，誤りの要因として考えられるのは，

・演算記号に注目できていない
・注意の問題

の2つです。注意集中の弱さがある可能性もあります。そのため，計算ミスを起こしています。

(2) 誤り分析から支援につなぐ

　このような方法で，子どものテストやノート等から，まちがっている問題の要因分析を行っていきます。ひとつひとつの問題から誤り分析を行います。その結果，誤りが明らかになりますから，その要因に沿った支援法を考えていくことができます。

　例えば，上述の問題の誤りについて支援方法を検討すると，次のような方法が考えられます。

問題1

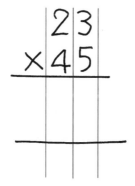

　ここでは，視覚認知の弱さ，不器用さが背景の要因として考えられています。位置関係の把握の弱さがあるわけですから，対応としては，罫線がマス目になっているノートを必ず使うようにするとか，問題を書いた後にたての罫線を自分で入れる等の方法が有効です。

　さらに，不器用さ等の理由で書く位置が曖昧になることに対しては，2段目に書く十の位の計算結果を書く時に通常は何も書かずにいる場所に，0を記入させる方法も有効です。

　元々の視覚認知の弱さがあるわけですから，視覚的なトレーニングを行う必要もあるのではないかと考えられます。不器用さへの支援も，鉛筆の持ち方のチェックからはじめて，鉛筆コントロールのトレーニングも必要です。

問題2

　ここでは，聴覚認知の弱さが要因として考えられています。聞きまちがうから混乱しているのですから，しっかり何度も唱えて覚えることが難しいという発想で支援していくことが必要です。

　九九を覚える段階もしくは覚え直す段階で「四の段の九九」と「七の段の九九」が明確に聞き分けられ，混乱しないようにします。四の段の九九を「よんいちがよん」「よんにがはち」「よんさんがじゅうに」というように練習します。七の段の九九を「なないちがなな」「ななにじゅうよん」「ななさんにじゅういち」というように練習します。

　さらに，根本的な構音の問題を背景にもっている可能性も高いため，言語聴覚士の支援も得て，正確に聞き分けるための聴覚トレーニングを行うとよいかもしれません。

問題3

　ここでは，意味の理解の弱さ，継次処理の失敗が要因として考えられています。さらに，その背景として言語の弱さがあるとも考えられています。

　対応として，筆算を書く時に必ずタスキにかけるための→を4つ入れ，計

算順番に①②③④と書いたりします。継次処理が弱いのですから，最初に全体の計算方法が見えるステップを入れることで同時処理方法を活用します。もしくは，手順を思い出したり，理解したりすることの弱さを補完するために，計算手順カードを用意して，それを見ながら計算する方法もあります。

　さらに，算数の指導とは別のトレーニングとして，言語の弱さを支えるための言語トレーニングが必要になってきます。

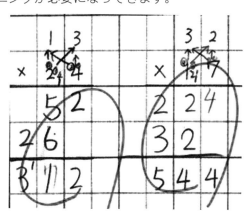

問題4

　ここでは，不注意による演算記号の見落としが計算ミスの原因です。対応としては，計算する際に演算記号に○をつけたり，「たす」とか「ひく」とか声を出して確認したりする等の方法が考えられます。不注意を確認作業というステップを入れることで防ごうという発想です。

　このような対応を考えて指導していく時に，理解できる子どもたちには，「なぜ，あなたはまちがったか，まちがった理由は○○○ですよ」だから「こんな風にする必要があります」というように要因を示し，対応をきちんと説明する必要があります。そうすることで，子どもたちは納得して示された指導方法を受け入れることができます。

第2章　算数の誤り分析

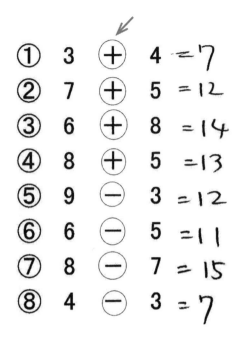

◀ (3) 誤り分析から全体象を明らかにする ▶

　紹介したように，ひとつひとつの子どもの算数の誤りに対して，要因を考えて対応を考えることはとても重要です。さらに，誤り分析をたくさん積み重ねていくと，対象となる子どもにはどのようなタイプの誤りが多いかが見えてきます。共通となる特徴が明らかになれば，学習の誤りへの対応だけでなく，本質的な弱さをとらえて子どもがもつ発達障害の特徴への系統的な支援も可能になってきます。WISCやK-ABC等の心理検査ができない場合には，子どもの背景情報を探る1つの方法として活用することもできます。

　次項から，文章問題と計算問題のそれぞれについて，詳しく誤り分析を紹介していきたいと思います。

3 文章問題の誤り分析

(1) 文章問題を解くのに必要な能力

　算数の学習の中で，文章問題は苦手な子どもも多く，なんとかしなければと思われるケースが多いと思います。しかし，文章問題の支援はなかなか効果が上がらないことも多く，今の学年ではできるようになっても，次の学年の新たな文章問題ではまたつまずいてしまうということもよくあります。
　先にも述べましたが，算数の問題を解くためには，

---

① 数概念形成（基数性・序数性）
② 継次処理能力，同時処理能力
③ 視覚認知，聴覚認知
④ 言語の発達，偏り
⑤ ワーキングメモリ機能，記憶
⑥ プランニング
⑦ 注意，集中

という能力が必要です。

　例えば，九九の学習では，聴覚認知能力，ワーキングメモリ，記憶等の能力が習得には必要だと考えていきますが，文章問題では，上記に挙げた全ての能力がかかわっていると考えなければなりません。様々な能力のうちのい

くつかが欠けただけで，文章問題を解くことが難しくなるため，たくさんの子どもたちがつまずくという結果になっています。

(2) 文章問題を解くプロセス

　このような様々な能力を使って文章問題を解いていますが，文章問題を解く際には，次のようなプロセスを通って解いていきます。

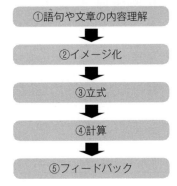

図27　文章問題の解答プロセス

熊谷恵子先生の「算数の指導」（『児童心理』2009年12月号を参考に作成）

① 語句や文章の内容理解では，言語の理解能力が関連します。
② イメージ化では，文で書かれた問題文が映像として頭に浮かんでくるかということを表しています。言語意識と映像とのマッチング能力が関連します。
③ 立式では，イメージできた内容に沿って必要な演算方法が選択でき，それに沿って立式することが問われます。継次処理能力や，言語の意味理解能力が関連します。
④ 計算では，立式に沿って正確に計算する能力があるかどうかが試されます。継次処理能力，同時処理能力，数の概念の理解等が関連します。

⑤ フィードバックとは，計算して出された答えを書いた時に，その答えは問題で聞かれている内容から見て妥当な大きさの数字かどうか，問題で聞かれている単位と整合しているかどうか等を検証することです。計算まちがいをしたかどうかということもフィードバックの段階でチェックしています。ワーキングメモリ機能や，同時処理能力，論理的に考える能力等が関連します。

(3) 文章問題の誤り分析と支援の実際

　ここでは，実際に文章問題の誤り例を解答プロセスの各段階に沿って紹介していきます。

問題1　文章に表現された内容を理解することが困難。

　125g入りのさとうを43ふくろつくります。さとうは，みんなで何kgと何gいりますか。
　式　125+43=168

　　　　　　　　　　　　　　　　　　　　　答え（　168　）

　文章を読んで内容を理解しておらず，「みんなで」という言葉でたし算と判断するという誤りです。

支援のポイント

　この問題では，文章の読解の弱さが要因ですから，本質的な対応は言語的な意味理解をどのように伸ばしていくかということになります。このようなタイプの場合，往々にして「みんなで」と書いてあったらたし算，というようなキーワード法で考えさせていく方法を取ります。

　これは，かけ算を習いはじめると新たなつまずきの要因になります。かけ算でも「みんなで」という言葉は使われるからです。やはり，言語能力を向上させるトレーニングが必要となります。絵本等からはじめて，「読んで内容をつかむ」練習を繰り返すことが必要です。

問題2　はじめの数等を逆説的に考えることが困難。

　おもさ450ｇのはこに，みかんを入れて，重さをはかったら2200ｇありました。みかんの重さは何kgですか。
式　2200＋450＝6700
　　2200
　＋450
　　6700
　　　　　　　　　　　　　　　答え（　6700ｇ　）

途中の数字がわからないところを，結果の数字からさかのぼって考えることができないという誤りです。

　支援のポイント

　このように逆説的に考える問題は，継次処理（順番に考えていく力）はあるが，全体構造をつかんでいく同時処理という力が弱いと，うまく考えることができない特徴としてあらわれます。もちろん，言語的な意味理解の弱さも関連することは言うまでもありません。
　ここでは，全体のイメージをつかむトレーニングを言語理解のトレーニングと併せてする必要があります。

問題3　文章中に数字が３つ以上あるとその関連をイメージすることが困難。

　ストローを１たば10本ずつにして，たばにしたら，６たばできて，まだ３本のこりました。ストローは，ぜんぶで何本ありますか。
式　10＋6＋3＝19

答え（　19本　）

　数字が３つ以上出てくると関係性をとらえることが難しく，全部たし算にしてしまった誤りです。

 支援のポイント

　３つ以上の数字が出てくると，関係性がよくわからなくなり，混乱して立式をまちがうというタイプですが，このようなケースも，文章読解の弱さと全体構造のとらえにくさが背景要因として考えられます。トレーニング方法として，文章を読んで内容を理解した後，それを１枚の絵に描く等の方法が考えられます。１枚の絵に描くためには，全体構造を把握しないとできないため，同時処理のトレーニングになります。

問題4 文章の内容が理解できても適切な式を引き出すことが困難。

　青いあさがおが28こ，白いあさがおが84こさきました。どちらのあさがおがなんこおおくさきましたか。

式　28－84＝56

　　　84
　　－28
　　　56

答え（　白いあさがおが56こ多い　）

最初の立式「28－84」は，問題文を読まずに，出てきた順に数字を入れて立式してしまった誤りです。

支援のポイント

　この問題では，問題文の理解はある程度できていて，どちらが多いかということについてはわかっていますが，立式の順を反対にしています。どちらか多いかということについてはわかっていますが，どちらからどちらをひくかということには考えが及んでいないために，立式を誤っています。また，衝動的反応が強い場合にも起こります。

　このようなタイプの場合は，問題文の意味を理解した後に，立式する段階で，（大きい方から小さい方をひいているか，かけ算ならば，かける数とかけられる数の関係は大丈夫か）等の立式のステップを確認する段階が必要です。

　先ほどと反対で，同時処理はできるが，立式手順という継次処理で失敗しています。

第2章　算数の誤り分析

問題5　はっきりした数字が明記されず，言葉や概念から数字を推測して計算式を立てることが困難。

　３りん車７台分の車りんは何こですか。
式　７＋０＝７

答え（　７こ　）

　子どもは「問題文の『３りん車』の『３』は名前で，数字ではない」と言い張っていました。ということから，三輪車の車輪の数がわからないと「０」にして立式した誤りです。

  支援のポイント

　この問題では，三輪車の車輪の数が問題文に書かれていないために，立式で失敗しています。文章問題では，出てきた問題文で使われている数字を使って計算式を立式すると（思い込んでいる）ことが失敗の要因です。ここでは，問題文を読んでイメージ化するというステップがうまくいっていません。もしくは，書いていない数字は使ってはいけないと（思い込んでいる）ことが要因であるとも考えられます。数字がないときは常識で数字を埋めるという，推測するということを教える必要があります。

問題6 ▶ 計算ミスから答えを誤る。

　84円のノートを8さつ買いました。千円札ではらうとおつりはいくらですか。

式　84×8＝672　　　　　　84　　　　　　1000
　　1000－672＝428　　　× 8　　　　　－ 672
　　　　　　　　　　　　 672　　　　　　 428

　　　　　　　　　　　　　　　　答え（　428円　）

　問題文の意味も理解できていて，立式も合っていますが，筆算の繰り下がりで失敗したための誤りです。

📎 支援のポイント

　この問題では，問題文の理解もきちんとできているため，立式もできています。しかし，筆算に書いて計算する段階で，繰り下がりでまちがっています。明らかに計算の失敗です。

　計算問題の誤り分析については，「4　計算問題の誤り分析」で詳しく取り上げます。

第2章　算数の誤り分析

問題7　出した答えの余りの理解ができておらず，答えの誤りに気がつかない。

にもつが360こどどきました。1回に14こずつ運びます。運び終わるために，何回運ぶ必要がありますか。
式　３６０÷１４＝２５　あまり１０

答え（　２５回　）

答えで出た25回に余りの10こを運ぶためのあと1回がたせておらず，答えが題意に沿っているかどうかの検証ができていません。

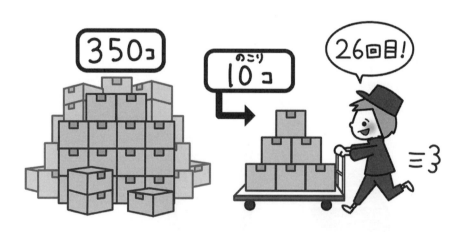

支援のポイント

　文章問題の誤りの紹介の最後は，フィードバックの誤りです。問題文の読解もでき，立式もでき，計算もまちがえずにできたが，解答欄に書いた答えが問題の意図に沿っているかという検証で失敗しています。

　ここでは，余りの処理で，余りも1回に数えないといけない，ということに気がついていません。

　他には，単位の違いに気がつかない，どちらが多いか書いていない，等問題でたずねていることに答えられていない例があります。自分が答えを出した後に問題を再度読み直して，質問されていることに答えているかどうかを確かめる習慣をつける必要があります。

(4) 文章問題の誤り分析のまとめ

　解答プロセスに沿った文章問題の誤り分析例を紹介してきました。それぞれの段階の誤りには，他にもいくつかあり，文章問題の誤りの要因には様々なパターンが存在すると言えます。ひとつひとつの要因については，たくさんの文章問題の誤りについて検証していくことから明らかにしていくことが必要です。
　文章問題の誤りの中で，特に根本的な要因は，問題文の読解です。これには言語能力が大きなウエイトを占めています。言語能力と全体構造の把握する同時処理能力の双方の力が関連しています。そのことと，それぞれの解答プロセスとの誤りの特徴をきちんと見ていくことが必要です。

　文章問題の支援方法も，本質的な要因に対応する必要があります。問題1で紹介した通り，キーワード法では，かけ算でも同じキーワードを使うため，混乱に拍車をかけるだけになります。
　また，言語の能力も関連するとなると，算数の授業の中で解決することは当然難しくなり，国語での言語指導も算数の文章問題への支援としては必要となります。誤り分析から見えてきた要因に対応する時，時には教科の枠を越えた支援や，認知特性へのトレーニング支援が必要となってきます。

4 計算問題の誤り分析

(1) 計算問題を解くのに必要な能力

　計算の誤りは，低学年のつまずきがずっと続くケースと，わり算や分数，小数の計算でのつまずきが小学校半ばぐらいからはじまるといったケースがあります。

　また，違う角度から考えると，暗算でつまずく場合と筆算でつまずく場合があります。それぞれでつまずきの要因は違います。

　「1　算数の誤り分析を考えるために」で，算数を解くためには，どんな能力が関与するかということで，下記の要因を挙げました。

---
① 数概念形成（基数性・序数性）
② 継次処理能力，同時処理能力
③ 視覚認知，聴覚認知
④ 言語の発達，偏り
⑤ ワーキングメモリ機能，記憶
⑥ プランニング
⑦ 注意，集中

　基礎的な四則計算ができるようになるためには，①②⑦③等が特に必要です。小数の計算，分数の計算，概数の計算等には，①②③④⑤⑥⑦等，より

多くの要因が関与します。特に，言語の意味理解やプランニング等の，より上位の能力が必要となってきます。

(2) 計算問題の誤りの要因について

　計算問題を解くためには，基礎的な数概念の習得が大前提になります。数概念には「基数性」と「序数性」という2つの概念が存在します。
　「基数性」は数のかたまりや，およその数，数の大小等がカウントしなくてもわかる力をさしています。一方，「序数性」は数を数える，数の並び，順序としての数の力をさします。「序数性」に困難があると「数えられない」「何番目等がわからない」等の特徴としてあらわれます。

　「序数性」の困難は比較的見つけやすいのが特徴です。しかし，「基数性」の弱さは気がつきにくいのが特徴です。例えば，2山あるみかんのどちらが多いかという課題です。およその量がわからないとできませんが，序数性の能力を使って数えれば，どちらが多いかわかります。
　そうすると，「基数性」の弱さに気がつかないままになります。たし算やひき算も量の増減なので，「基数性」の能力を基盤にしていますが，数えたしや数えひき，また，答えの暗記等の方法でも答えは出せるのです。
　このことから，学校の指導の中で「基数性」の弱さには気がつきにくいのです。

　この「基数性」の弱さがはっきりと影響するのは，わり算です。
　わり算では，例えば，「96÷23」という問題では，96の中に23がいくつ含まれているかという概数を使って考えます。「基数性」が弱いと，これが難しくなります。概数で考えられなければ，代わりに23が1つ分，2つ分，3つ分と順番に考えないといけません。これが大変な作業であるために，やりとげられずにわり算でつまずいてくるのです。

　暗算では，数字を覚えて，演算を理解し，それにしたがって操作し，答えを出すという順番で計算します。これは「記銘・保持・想起」というプロセスを通っているので，ワーキングメモリ機能が大きく関与していると言えます。

　筆算では，筆算手順の理解，手順通りに計算を実行する力，数字を書く位置が正確であること等が必要となります。このためには，言語の理解能力や継次処理能力等が必要になります。

　このように，計算問題の誤りには暗算と筆算で異なった能力が背景要因にあり，ここの部分を明らかにすることが必要となります。

(3) 計算問題の誤り分析と支援の実際

次に,実際に計算問題の誤り例を紹介します。

問題1 「6×1」の計算の後,「6×2」のはずが,「4×2」で計算しており,タスキにかけていくというルールで誤っている。

```
      2 . 1
  ×   4 . 6
  ─────────
      8 6
    2 4
  ─────────
    3 . 2 6
```

📎 支援のポイント

　この問題では,たてにかけ算をし,次にタスキがけにかけ算をするべきところを忘れています。筆算ルールの未定着が要因となります。

　このような場合,筆算式の中にかける方向の→とかける順番を書いてやる,もしくは自分で計算前に書くように指導する等の方法で支援します。ルールの視覚支援を行います。

問題2 十の位からの「4×9→36」の「3」を繰り上がりに書かず，そのまま書いてしまったために百の位の計算の「4×1→4」の「4」をたさずに並べて書いてしまっている。

```
   1 9.3
 ×    4
  437.2
```

支援のポイント

　この場合，位の考え方が曖昧なために，桁数が多くなると混乱を起こしていると考えられます。例に出した計算でも答えがだんだん左にずれていて，百の位かどうかも位置的にわかりにくくなっています。

　指導の1つの考え方として，たてに位の線を引き，その中に答えを書くようにさせると，位が意識できるようになります。また，位のところにたてに補助線を入れて，答えを書く場所を明確にする方法もあります。

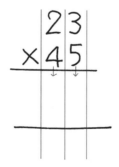

第2章　算数の誤り分析

> 問題3　0.4の小数点を消すために，0.6の小数点を移動したが，商のところにそれを反映させるのを忘れている。

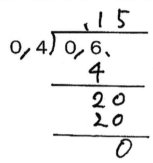

 支援のポイント

　わる数の小数点移動の結果を右側のわられる数の小数点移動には反映させましたが，上の商を書く場所には反映されていません。
　解答する前に，最初の小数点の位置に小数点をまず書いておき，わられる数の小数点移動と一緒に商の小数点も移動させるやり方があります。また，小数点移動の決まりカードをつくり，①わる数の小数点を移動②わられる数の小数点も同じだけ移動③商の小数点を移動と書き，それに沿って計算をさせるようにします。

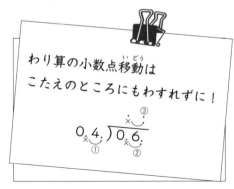

問題4 一番下の計算の結果に小数点を打つ際に，右からではなく左から桁を数えている。

```
    2.4              7.5
  ×  18           ×   34
   192             300
   24              225
   4.32            2.550
```

支援のポイント

問題文の小数点以下の桁数を数えて，答えのところに後ろから桁数を数えて小数点を打ちますが，これを左から数えています。

要因として左右の混乱が挙げられます。「後ろから数えて」「右から」という言い方が，このタイプの子どもたちには曖昧な表現になります。矢印「←」を答えのところに書いておく方法で対応できますが，基本的には，このタイプの子どもたちは鏡文字があったりもするので，左右トレーニングや視空間トレーニング等を行う必要があります。

問題5　商を少なく立ててしまっているが、それに気づかずそのまま計算を続けていたため、商に余分な数字が出てきて、はみ出して書いている。

```
      41                    59
18 ) 9.2              32 ) 24.6
     72                    165
     28                     81
     18                    288
      2
```

支援のポイント

数概念の基数性にかかわる能力の弱さが背景要因ですが、基本に返って、量の概念の基本的なトレーニングをしっかりやり直す必要があります。たくさんの具体物を15ずつに分けていく等の方法を使います。

問題6 「5×6」の計算はできているが,「5×3」の計算を「10」として計算した結果,誤っている。

$$\begin{array}{r} 3.6 \\ \times 5 \\ \hline 13.0 \end{array}$$

支援のポイント

このような九九が未定着で計算を誤る場合は,やはり九九をきちんと覚えさせる手立てを講じてあげる必要があります。

第2章 算数の誤り分析

問題7

最初の「6＋1」の答えの「7」を大きく書きすぎ，「1＋1」の答えを書いていないのに気がついていない。同じように，「2＋4」の答えの「6」を大きく書きすぎ，「4＋4」の答えを書いていないのに気がついていない。

㉗ 6＋1＝7
㉘ 4＋5＝
㉙ 1＋1＝9
㉚ 2＋4＝
㉛ 4＋4＝6
㉜ 3＋2＝5
㉝ 3＋3＝6
㉞ 7＋2＝9

 支援のポイント

　不注意への対応の基本は見直しです。やり残しがないかを確認するステップを入れるだけでかなり減少しますが，例の子どもの場合，回答欄をつくる，回答欄にアンダーラインを入れるだけでもミスに気がつきやすくなります。

㉗ 6＋1＝7
㉘ 4＋5＝
㉙ 1＋1＝9
㉚ 2＋4＝
㉛ 4＋4＝6
㉜ 3＋2＝5
㉝ 3＋3＝6 ── アンダーライン
㉞ 7＋2＝9

問題8 途中まで計算し，続きを忘れている。途中までして，次の問題に気がそれてしまった不注意の誤り。

```
      7.5
  ×   3.4
  ───────
      300
     225
  ───────
```

支援のポイント

問題7の場合と同じような対応が有効です。

見直しの3つのチェック
・全部終わったら，次の項目をチェックしよう
□やり残したところはないですか。
□単位のおかしいところ，小数点をわすれているところはないですか。
□時間があれば，気になるところをやり直してみましょう。

問題9　分子同士のたし算で「4＋3＋4」とし,「11」と書いた誤りがまず1つ目。次に,「11」は「8」を超えているので,「3→4」にしたのはよいが, たした分子を減らすのを忘れている誤りが2つ目。

$$\frac{4}{8} + 3\frac{4}{8} = 4\frac{11}{8}$$

 支援のポイント

　数のルールは, 定着しにくい傾向が強くなります。分数ルールを書いたヒントカードを横に置き, 見ながら計算する, 見直しを行う等の手立てが必要です。

> 分数計算のヒント
> たし算
> ・同じ分母にする。
> ・分子同士をたす。
> ・分子が分母をこえた場合は
> 　分子から分母の数をひいてから
> 　整数の1を横にかく。
> ひき算

(4) 計算問題の誤り分析のまとめ

　計算問題でもきちんと誤り分析を行い，その誤りに沿った支援を検討することが大切です。
　まちがいのやり直しを子どもに任せてしまうと，子どもたちは「なぜ，まちがうか」がわからないために，何度も同じまちがいをして，計算が嫌いになってしまうことも多いのです。

　計算問題でも本質的な要因に対応する必要があります。意味理解の弱い子どもには言語トレーニングや論理的に考えるためのトレーニングが必要です。算数の授業の中で解決することは当然難しくなり，国語での言語指導も必要かもしれませんし，個別の取り出しによる認知トレーニングが必要になることもあります。
　誤り分析から見えてきた要因に対応する時，きちんと状態に応じた支援を考えることが大切です。

計算問題課題の誤り分析をしてみよう！

　ここで問題を出したいと思います。次に掲げる筆算の誤りのプロセスと要因を考えてみて下さい。できれば支援方法も考えてみて下さい。

　次頁に解答を紹介します。

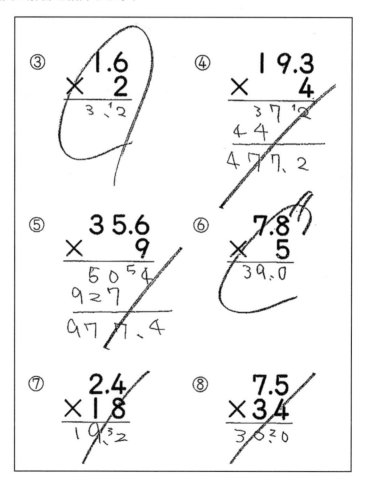

解 答

3桁×1桁の筆算では、最後のところが繰り上がらないように3段に分けて計算します。また、2桁×2桁の筆算では、逆に繰り上げを気にして計算する必要があるのにしていません。

まちがいの形式はどのような誤りですか、また、なぜのように計算したのでしょうか。

下に掲げたどちらも「かける数」が2桁以上あれば、必然的に筆算の積は2段になります。「かける数」が3桁の時には、積のところが3段になって繰り上げて3段にしています。この筆算では、「かける数」が2桁なので、ここも無理矢理に1段に収めています。

筆算ルールの理解の誤りが原因だとわかります。2桁×1桁が筆算の誤った筆算を正しいルールで計算しているために、筆算ルールの誤り部分を正しく捉えていくことができなかったのです。発音できるまで、そうしていることを捉えきれなかったのです。

子様方は、当事者の間い違いをしている箇所をちゃんと説明しました。ここで何をかけているのかをきちんと（正しい筆算ルールの指導を）して直す必要があります。

5 総合的誤り分析

(1) 総合的に分析する

　これまで，算数の誤り分析の手法，文章問題の誤り分析，計算問題の誤り分析について紹介してきました。そこで本章では，そのまとめということで，1人の子どもの3枚の算数テストを使って，認知等の特性を含む子どもの特徴を総合的に考えていく誤り分析を紹介したいと思います。

(2) 復習！　算数に必要な能力の再確認

　計算を含む算数の誤りは，下記のような要因が挙げられます。

---

① 　数概念形成（基数性・序数性）
② 　継次処理能力，同時処理能力
③ 　視覚認知，聴覚認知
④ 　言語の発達，偏り
⑤ 　ワーキングメモリ機能，記憶
⑥ 　プランニング
⑦ 　注意，集中

　これらの能力と同時に，書字等の特徴から不器用さがあるかどうか，といった算数には直接関係はない子どもの特徴等も見ていきます。

(3) 問題 テスト3枚を総合的に誤り分析をしてみよう!

　次頁から3枚のテストを提示します。1人の子どものテストで,小学校2年生の男子です。2学期のまとめのテストを行っており,実施時期は2学期の最後です。
　では,3枚のテストをそれぞれ,以下の手順で詳細に誤り分析をして下さい。

---

① 考えられる特徴と要因について,書き抜いて下さい。
② その後,まちがいの特徴に共通するものや異なるもの等を整理して下さい。
③ 整理した内容から,子どものどんな特徴がわかるでしょうか。
④ わかった特徴も書いて整理してみて下さい。

　解答を最後に掲載していますが,できることなら,後述の解答を見る前に,周りにいる方と一緒に共同作業で誤り分析をしてみて下さい。
　まず,自分なりの誤り分析をしてから,解答を読んで,自分でした誤り分析と比べてみて下さい。

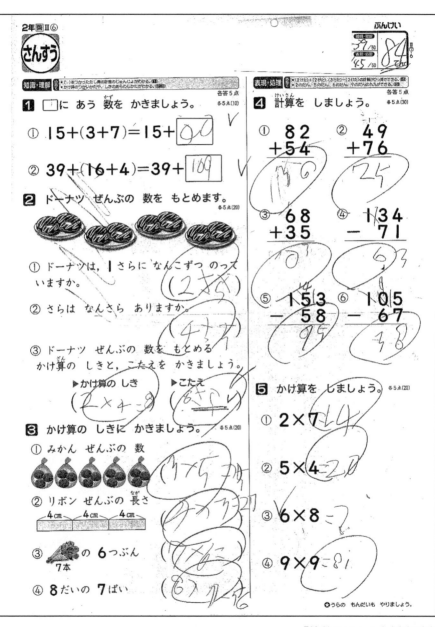

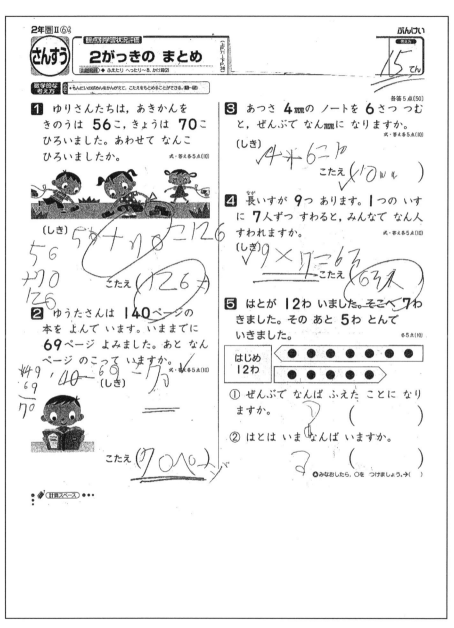

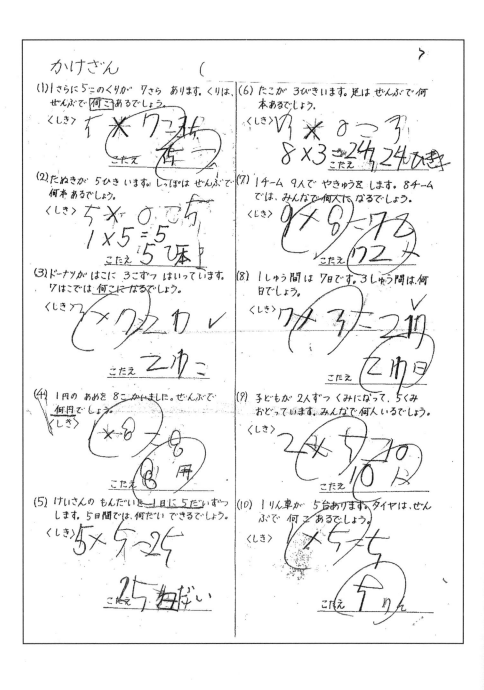

(4) 解答 テスト3枚の誤り分析例

3枚のテストの実際の誤り分析を紹介します。

○1枚目のテストから
1) **1**の①は，真ん中の＝を無視して，たし算として最後に答えを書いた。最後の□は答えと思い込んでいる可能性が高い。②も同じようにしたが，計算まちがいをした。
2) **2**は①で単位をつける時に問題文の一番最初に出てくる数字の単位をつけて誤っている。次の2問も同じ問題だと考えて，すべてに「さら」という単位をつけた。もしくは，②はわかって書いた。
3) **3**で，③以外「しき」だけ書けばよいのに答えまで書いている。②では，「4×3」を読む時に自分で「7×3」とまちがった上，答えの「21」を「27」と誤っている。二重の誤りである。
4) **5**で，「6×8」を書いておらず，九九の6の段の苦手さがある可能性を示唆している。

○2枚目のテストから
1) **2**で，式の数字は合っているが，筆算にする時に転記ミスで，「140」を「149」と書いて計算まちがいをする。そのまま転記したため，答えもまちがった。
2) **3**で，問題文に「ぜんぶで」とあるので，たし算で計算している。
3) **3**で，単位の mm が ww になっている。
4) **4**で，式の数字を問題文に出てきた順で書き，（かけられる数）×（かける数）に沿って立式できていない。
5) **5**で，答えのところが全て「？」になっている。考えられる要因は3つある。

・問題文で，単位が（〜わ）なのに設問で（〜ば）と聞いているので，混乱した。
・①②の設問に数字が出てこないため，立式できなかった。問題文と設問を違う問題と理解した。
・描かれてある図が抽象的だったので，鳥の具体的なイメージが湧かなかった。

○ **3枚目のテストから**
1) （1）（2）（4）（6）（9）で，問題文に「ぜんぶで」「みんなで」とあるため，最初はたし算で計算した。しかし，最後にテストのタイトルが「かけざん」であることに気がついて「＋」を「×」に修正している。
2) （2）（5）（6）（10）で，答えの単位をつける際に問題文の一番最初の数字の単位をつけてまちがう。
3) （2）（6）で，たぬきのしっぽの数とたこの足の数が書いていないため，「×0」として計算し，まちがう。
4) （3）（8）で，「3×7＝27」「7×3＝27」と両方で，「21」を「27」と書きまちがっている。
5) （5）で，問題文に3つの数字が出てくるが，最初の2つの数字だけで立式し，まちがう。

○ **全体としての特徴**
1) 書字が乱雑である。
2) 数字が書き順通りに書けない。「3」を向かい合わせにして「8」を書く。○を書いて最後を下に伸ばしたように「9」を書く。
3) 消しゴムをあまり使わない。

○**総合的分析**
　この誤り分析を全体としてまとめて考え整理していくと，次のように分けることができます。

1) 文章を読んでイメージ化する力が弱い。
　　・3―3)（3枚目の3番目の誤り分析）で，しっぽの数やたこの足等当然の推測をしていない。
　　・次で述べるパターン処理する傾向についても，文のイメージ化が弱いために起こっていると考えられる。
2) パターン処理する傾向が強い。
　　・2―2) や3―1) で，「ぜんぶで」をキーワードに演算記号「＋」を選んでいる。
　　・1―2) や3―2) で，単位を問題文の最初の数字についているものにしている。
　　・2―4) や3―5) で，最初の2つの数字を出てきた順序通りに立式している。
3) 衝動的傾向が強い。
　　・全―1) で，書字が乱雑である。
　　・全―3) で，消しゴムを使わず，パッと鉛筆で消してしまう。
　　・2―1) で，数字の転記ミスをしている。
　　・2―4) で，立式を問題文に出てきた順と思い込んで書いている。
4) 音韻認識に弱さがある可能性が高い。
　　・1―3) や3―4) で，7の段と4の段の九九の似ている音韻のまちがいがある。
5) 継次処理が弱い。パッと見て判断する傾向が強い。
　　・3―2) で，書き順の通りに書けず，パッと見て形を写しているだけである。
　　・1―1) で，後ろの□は全部たした答えだと思い込んで解答している。

6) 不器用の可能性がある。
   - 2—3) で，単位の mm が ww になっており，鉛筆をうまく動かせていない。
7) 2—5) で，イメージ化の困難，パターン処理に合わず，混乱した等の可能性が考えられる。

○浮かび上がってくる子ども像

総合的に分析をまとめると，次のような子ども像が浮かび上がってきます。

> 衝動傾向をもち，パッと判断する傾向が強いようです。継次処理が弱く，相対的に同時処理の強さが想定されます。文章を読んでも映像イメージ化があまり湧かないために，文章題等はパターン処理で解こうしています。そのため，数字が書いていないと文章に戻って考えられないので，混乱しています。不器用さもあり，同時処理なので，書き順が入らず，パッと見た形を写そうとしています。音韻の弱さもあることがわかります。算数なので，書字の特徴は見えにくいですが，音韻にも問題をもつ読み書き障害をもっている可能性があります。
>
> 支援は，文のイメージ化トレーニング，音韻の検査とトレーニング，継次処理的処理の理解と定着，衝動の抑制トレーニング等を並行して行いながら，算数の支援を行っていくこと等を検討する必要があります。

このように，算数のテストを全体として誤り分析をすることで，子ども像を浮かび上がらせて，総合的な支援方針を組み立てることが可能です。しかし，基本は支援者がひとつひとつの計算や文章問題の誤り分析ができることが大切です。これまで紹介してきた方法を使って，たくさんの誤り分析の経験を積んで下さい。

(5) 最後に

　最後に，誤り分析ができない，または困難にしているのは，テスト直しを子どもたちにさせる際に，まちがった答えを消しゴムできれいに消して，正しい答えを書き込ませることです。これでは，なぜまちがったかを考えることができません。子どものまちがいは，子どもの特性や考え方を知るための情報の宝庫です。子どものまちがいを消してしまうことのないよう全国の先生方が共通認識をもつことが願いです。

さらにもう1問！　総合的な課題の誤り分析をしてみよう！

トータルして，どんな特徴をもった子どもでしょうか。
（4年生・男子）

1　計算をしましょう。（手書き文字は彼のメモ）
① 180−(70−20)＝130　○
② 60+120÷3＝60　×
　　　　　　1
③ 5×(8−6÷2)＝20　×
　　　　　　1 2

2　工夫して計算しましょう。
① 86+97+3＝86+100＝186　○
② 24×25＝600　×　　　（工夫していないので×）
③ 99×7＝693　×

3　□にあてはまる数を求めましょう。
① □+48＝53　　　　（　　5　）○
② □−16＝99　　　　（　　93　）×
③ □÷6＝12　　　　（　　2　）×

4　1つの式に書いて求めましょう。
① 1個110円のプリンを4こ買って，500円だしました。おつりは何円ですか。
　　式　500−(110×4)＝
　　　　500−440＝60　　　○
　　答え（　　　60円　　　）○
② 一本90円の牛乳を3本と，1個80円のパンを5こかいました。

代金は，全部で何円ですか。
式　90×3+80=670　　　×
答え（　　　670円　　　）○
5　□にあてはまる数を書きましょう。
①　1.6+0.7=0.7+□　　　　　（　　1.6　）○
②　(3+4)×5=3×5+□×5　　　（　　7　　）×
③　(9-7)×8=9×□-7×8　　　（　　9　　）×

解　答

様々な問題で，できていない問題が混在している。
1) まとまりっていないけはない。
2) 問題文の「工夫して」のところを踏まえていない，あるくふう工夫ができるように書いていない。
3) まちがっているのは少し複雑な問題で，パッと見ても間違いがわかりづらいように書いている。
4) 文章問題で，答えはあっているのに，式のところに誤字を書いていなかったり，式の中の漢字を書きとったりする。

順序立てて考えるより，パッと見て答えまでに計算する癖がある。うっかりまちがいや誤解が随所に見られる。このようなケースから，多動性，衝動性，不注意等の特徴が見られる。ともかく算数の課題の最後に総括していると考えられる。

保健室に行って算数の授業を受けなくなった4年生女子

　4年生の女の子です。
　ある日突然，算数の時間にいろいろ理由をつけて，保健室に行くようになり，算数の授業を受けなくなりました。彼女は算数ができない子どもではなく，今までは，普通に理解できる子どもだと担任の先生は思っていたので，理由が思い当たりませんでした。

○算数の時間が嫌な理由がわからない…
　なにか理由があるのだろうと，担任は保健室の先生やお母さんにも協力してもらい，「算数の時間に行きたがらない理由」を聞き出そうとしました。「嫌なことを言う友達がいるの？」とか，「先生が嫌なの？」とか，「いじめられているからなの？」等聞いていきましたが，さっぱりラチがあきません。
　「だれか嫌なことをする子がいたの？」と聞けば，「○○くんに意地悪

された」というようなことを言うので，相手に確認すると，「先生，やったけど，半年前のことだよ」という話をしてくれました。なんとか「彼女の嫌なこと」はないかと聞きただしましたが，聞くたびにトンチンカンなやり取りになります。

　そのうちに，クラスに行くことそのものを嫌がるようになり，不登校寸前になりました。

　この時点で，本校の子ども支援委員会の教育相談にかかることになり，保護者と担任が来られました。これまでの経過を聞いていきましたが，なぜ，算数の授業に行きたくないか，ということはわかりませんでした。

○「辺」が「変」でわからない!?
　そこで，原点に返り，「なぜ算数の授業に行きたくなくなったか」を改めて本人に確認することになりました。担任も一番最初の段階で聞いているのですが，「訳のわからないことを言っていた」と話し，よっぽど嫌なことがあったりいじめられたりしていて，だれにも言うなと言われているので，「訳のわからないことを言ってごまかしているのでは？」という見解でした。

改めて聞くと，彼女は「先生は授業で『へん・へん』と何度も言うけど，何が変なのかさっぱりわからない」と言ったのです。担任に「変なことばかり言っているのですか？」と聞くと，「言いませんよ」との返事でした。うーんと思いましたが，念のため「算数の何を勉強していたの？」と聞いてみました。すると，「三角形」とのこと。

これで一気に解決に向かいはじめました。先生は「変」と言っていたわけではなく，三角形の「辺」と言っていたのです。それを「変」と聞きまちがえて，授業が「わからなくなった」のです。

○彼女の特性を知る

彼女は，私たちのアセスメントの結果，診断が出るレベルではありませんでしたが，「暗黙の了解が苦手」「一度思い込んだら修正することが難しい」「嫌なことがあると，どんどんモチベーションが下がっていくネガティブ思考」「文字や言葉を額面通りに受け取り，融通がききにくい」等の特徴があるとわかり，これらの特徴が今回のことの要因になっていることがわかってきました。

○既習事項でも用語確認はするとよい

4年生にとって三角形は既習事項なので，先生は改めて「ここが辺です」という説明をしませんでした。先生がいきなり予告もなく，場所も指定せず，「辺」と言ったので，彼女は何のことかわからず「変」と聞いてしまいます。一度思い込んだら周辺状況を読んで修正することが苦手なので，「変」と思い込んだまま授業を受けます。

何が「変」かわからないのに，授業はどんどん進むし，みんなはわかっている様子なので，ますます不安になります。一度不安になると自己解消できず，上述のような状態になっていたのです。

○算数用語は説明するのもややこしい

　もう１つ彼女が言ったことがあります。「先生が『等しい』という言葉を使ったが，意味がわからなかったので，質問をした。でも，教えてもらえなくて嫌だった」と訴えていました。担任に確認をすると，「教えましたよ」という返事です。どのように教えたのか担任に聞くと，「『等しい』は同じことよ」と教えたとのことでした。

　なぜ，この説明がわからなかったのかということを考えました。普通，説明をする際には「ＡはＢと同じ」と説明しますが，今回の例にこれを当てはめると，「『等しい』は同じということと同じよ」のようになります。「同じ」が２回出てくるので，会話では省略がかかり，「『等しい』は同じことよ」になったわけです。

　原則的な理解をする彼女は，Ｂにあたる部分が省略されたために，「何と同じか先生は説明してくれない」と思い込み，さらに算数の授業が嫌になっていったのです。

○子どものタイプに合わせて教えよう

　このような理由で算数が嫌いになったり，取り組みをしなくなったりする子どもたちがいることがあります。誤り分析をする際には，その子どもがどのようなタイプであるかもしっかり考えていく必要があります。

◖ おわりに

　特別支援教育が本格実施され，通常の学級にいる特別支援を要する子どもに目が向けられるようになりましたが，まだまだ効果が上がらないという声も聞こえてきます。なぜでしょうか。特別支援教育の取り組みには，様々な分野や要素があります。

　発達障害のある子どもたちへの支援は，子どもの特性に沿った具体的な手立てが必要です。特性を明らかにするプロセスをアセスメントと言いますが，このプロセスが十分にされていないことが，特別支援教育のなかなか効果が上がらない1つの要因ではないかとも思います。

　専門的な知識も必要なアセスメントですが，私たち，学校の教員にも取り組みやすいのが，本書で紹介している「誤り分析」です。
　子どもたちが一生懸命に考え取り組んだテストや課題プリントですが，そこには「まちがい」もあります。その「『まちがい』がなぜ起こるのか」，その原因を考えていくのが「誤り分析」です。まちがうには，必ず理由があります。理由が明らかになれば，その原因に沿った支援が考えられます。あれやこれやと子どもに支援を試すのではなく，要因に沿った支援を行うことで，効果的な支援を行うことができます。

　また，いくつものまちがいの要因を考えていくことで，そこに共通の特徴が見えてくることもあります。それは，子どもの特徴とつながることが多く，その特徴に沿った支援を子どもに行っていくことができます。

　誤り分析は，子どものもつ困り感や困難の支援を考えていくためのアセス

メントとして，重要な役割をもっていきます。このアセスメントが，特別支援教育を効果があるものとするために，必要なことであるのは言うまでもありませんが，誤り分析をきちんと行うことでよりいっそう，子どもたちへの支援を充実させることができます。

　本書が，子どもたちの笑顔が輝くように，効果的な支援を行うためになることを願っています。

山田　充

【著者紹介】
村井　敏宏（むらい　としひろ）
小学校教諭　S.E.N.S（特別支援教育士）スーパーバイザー
言語聴覚士
日本LD学会会員　日本INREAL研究会事務局

山田　充（やまだ　みつる）
小学校首席教諭　S.E.N.S（特別支援教育士）スーパーバイザー
自閉症スペクトラム支援士アドバンス
日本LD学会代議員
特別支援教育士資格認定協会評議員・広報委員

【イラスト】みやびなぎさ

子どもサポートBOOKS
誤り分析で始める！
学びにくい子への「国語・算数」つまずきサポート

| 2015年2月初版第1刷刊 | ©著者 | 村井　敏宏 |
| 2025年4月初版第11刷刊 | | 山田　充 |

発行者　藤原久雄
発行所　明治図書出版株式会社
http://www.meijitosho.co.jp
（企画）佐藤智恵（校正）赤木恭平
〒114-0023　東京都北区滝野川7-46-1
振替00160-5-151318　電話03(5907)6704
ご注文窓口　電話03(5907)6668

＊検印省略

組版所　藤原印刷株式会社

本書の無断コピーは、著作権・出版権にふれます。ご注意ください。

Printed in Japan　　ISBN978-4-18-164114-6

好評！シリーズ

通常の学級でやさしい学び支援

竹田契一 監修

① 読み書きが苦手な子どもへの
〈基礎〉トレーニングワーク
0894・B5横判・2260円＋税　　村井敏宏・中尾和人 著

② 読み書きが苦手な子どもへの
〈つまずき〉支援ワーク
0895・B5横判・1960円＋税　　村井敏宏 著

③ 読み書きが苦手な子どもへの
〈漢字〉支援ワーク　1～3年編
0896・B5横判・1800円＋税　　村井敏宏 著

④ 読み書きが苦手な子どもへの
〈漢字〉支援ワーク　4～6年編
0897・B5横判・1960円＋税　　村井敏宏 著

うきうき！わくわく！学習が楽しくなるワーク集

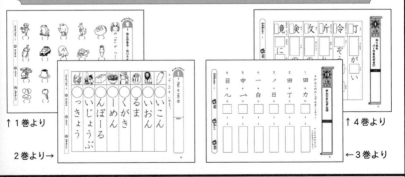

↑1巻より　　2巻より→　　←3巻より　　↑4巻より

どの子もできた！につながる教材のユニバーサルデザイン！

明治図書　携帯・スマートフォンからは **明治図書ONLINEへ**　書籍の検索、注文ができます。▶▶▶

http://www.meijitosho.co.jp　＊併記4桁の図書番号（英数字）でHP、携帯での検索・注文が簡単に行えます。

〒114-0023　東京都北区滝野川7-46-1　ご注文窓口　TEL 03-5907-6668　FAX 050-3156-2790

＊価格は全て本体価格表示です。